きれいな人には理由がある

石井美保の

# 「オトナ美肌」のつくり方

美容家の石井美保です。東京・麻布十番でトータルビューティーサロン『Riche（リッシュ）』を経営するかたわら、メディアで美容情報を発信したり、メイクレッスン、美容カウンセリングなどを行ったりしています。

さまざまな場所で出会う皆さまから、よく相談されるのが「40代から増えてくる肌悩みに対して、どう向き合ったらいいのかわからない」ということ。

40歳を過ぎると、いろいろなところに変化を感じるようになりますよね。

肌表面の手触りはもちろんですが、内側からはね返す力も、みずみずしさも。

# Prologue

多忙を極める20代や30代は、仕事や家事や育児が最優先。自分のことよりも家族や生活のことで24時間手いっぱいで、スキンケアやメイクにかけられる時間も限られていましたよね。そして、40代になり初めて気がつく、あの頃とは違う肌のコンディション…。特別なものを買ったらいいのか、エステや美容医療に手を伸ばしていいのか、なにから手をつけていいのかわからない。多くの方は迷子のようになっているのではないでしょうか。

この本は、そんなお悩みに応えるため、40代から取り入れてほしいスキンケアとメイクの方法を、わかりやすく解説する内容になっています。

「レッスン1」では、40代から取り入れるべきスキンケアを。

「レッスン2」では、くすみやたるみが目立ってくる世代だからこそ、メイクまでが素肌と考えて、毎日取り入れられるメイク方法を提案。

「レッスン3」では、肌のために心がけたいライフスタイルについてお伝えしています。美容に詳しい方にとっても習慣や思い込みを見直す一冊になると思っています。

40代からはお肌の正念場。ここであきらめるか、手をかけるかで、この先の未来が変わってきます。日々のお手入れの積み重ねで、あなたの内面も外見も豊かなものに変わりますように。願いを込めて。

How to make
Beauty

Contents

LESSON

# メイクまでが〝素肌〟です

## LESSON 3 内側から細部から磨き上げる……123



※この本の中で紹介している商品の価格はすべて税抜きです。またデータは2018年10月のもの。パッケージなどが変更になることがあります。

# LESSON 1

## Skincare

## 今までのスキンケアの習慣を疑う

# 40代は、今までの習慣の「変えどき」

ホルモンバランスも変わり、肌の乾燥も進む40代。肌のコンディションは20〜30代とはまるで違うのに、「スキンケアはずっとこれ」では、肌が満足しないのも当然です。これからのスキンケアは、保湿が最重要課題。さらにそれに加え、くすみやシミ、シワといったエイジングサインに対する効果を求められるようになります。

もし、肌の基礎力が弱ってきていると感じているのなら、なんとなく続けている今までのスキンケアの習慣を疑うタイミング。まずは、肌が求めるような年齢に応じたアイテムを選びましょう。

そしてコスメ選びよりも重要視してほしいのがテクニックです。これまでの洗顔の仕方、化粧水や美容液の補い方、クリームのつけ方が年齢肌に適しているか今一度見直してください。

ちなみに私がここ数年、肌のために続けているのが朝20分のスキンケアです。スケジュールが立て込んでいる日は、スキンケアの時間を見越して早起きし、洗顔から化粧水、美容液、乳液やクリームまでたっぷりと時間をかけます。朝に土台をきちんと整えておけば、紫外線や外的刺激などのトラブルに負けないため、美しい状態を保てるのです。時間がとれる夜にスキンケアをじっくり行う方がほとんどだと思いますが、これからは朝に重きを置く。そんな習慣を見直すのも、40代からだと思っています。

スキンケアの手順のおさらい

（クレンジング）《 洗顔 《 化粧水 《 美容液 《 乳液・クリーム

スキンケアの手順をおさらいしましょう。美容液は、基本的に化粧水の次につけます。案外、この基本を守れていない方が多いです。

正しく洗う。すっきり落とす

Rule 1

# 美肌になれないときは、まず洗顔を疑う

40代になると保湿が重要。一日中、うるおった状態を保つために最初に見直すべきは、スキンケアのファーストステップである洗顔です。

メイクや皮脂汚れが落としきれてないと、そのあとに使う化粧水や美容液の浸透が妨げられ、乾燥が進みます。とりわけ40代からは、くすみの原因ともなる古い角質の蓄積が問題です。若いうちであればターンオーバーの力でそれなりに排出できましたが、代謝が衰えてくる40代はそのまま肌に残り、やがて厚くなった角質がうるおいを阻み、肌の透明感を奪います。ですから「朝はぬるま湯洗顔だけです」というのも、うるおいに満ちた肌を遠ざける危険な行為。汚れを落としきれないため、乾燥を招くのです。肌の状態がよくないからと、ワンランク上の化粧水や美容液を与える前に、まずはいつもの洗顔を疑ってみましょう。

40代になると皮脂分泌が減るので、「洗顔＝落とす」ことに恐怖心を覚えてしまう方も少なくありませんが、これは年齢に応じた洗顔料を使用していないから。洗顔料は、乾きやすい大人の肌のことを考えたリッチな保湿成分が配合されたものを選んでください。そしてきちんと泡立てて、その泡を転がすように洗うこと。正しい洗顔を行うことが、美肌を育てる近道です。

# しっかり汚れを落としたいときの洗顔のコツ

## Step 1

### 洗顔料を
### しっかり泡立てる

洗顔料を適量出し、水を加えながら泡立てます。フォームの泡は卵1個分が理想。たっぷり泡立てることで肌摩擦を軽減します。

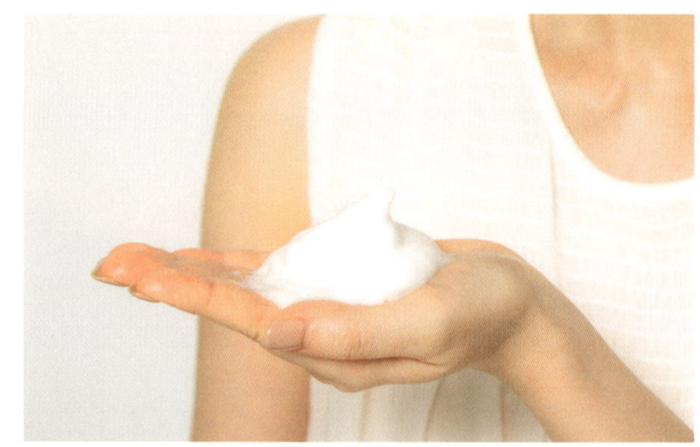

## Step 2

### 皮脂の多いところから
### 泡をのせる

皮脂が多くて毛穴汚れがたまりやすいおでこ〜鼻に泡をのせます。小鼻の脇は指先でくるくるとなじませて。

## Step 3

### あごにも
### 泡をのせる

皮脂が多いのに、洗い忘れが多いあご。きれいに洗えていないことが多いので、ここにも泡をのせ、指先でくるくるとなじませます。

## Step 4

### 顔全体に泡を なじませる

手と顔の間にある泡を転がして、直接顔に触れないようにしながら、頬、こめかみ、顔の横にも泡を広げ、顔全体を洗います。

## Step 5

### デリケートな目元は 押し洗い

目元は泡で押し洗い。3〜5秒泡をおいて汚れを吸着させます。泡をのせたままだと乾燥するので①〜⑤は手早く1分以内ですませて。

### 朝の洗顔は軽く、夜はしっかり

洗顔は朝と夜で変えます。朝の洗顔は、とくに汚れてないのでケーキに生クリームを塗るように肌表面にサッと泡をのせる程度で十分。よく泡立てた洗顔料を、Step4のように軽く塗り広げてください。一方、メイククレンジングのあとに行う夜の洗顔は、一日の蓄積された汚れを落とし、すっぴんの状態に戻すためのもの。このページの手順で、丁寧に洗いましょう。

Rule 2

# 洗顔の〆となるすすぎは優しく、しつこく、ぬかりなく

洗顔料をたっぷり泡立てて、肌に直接手が触れないようにしながら、泡を転がすように洗う…。ここまでは完璧でも、**すすぎで台無しになっている方が本当に多いです！** 汚れを吸着した泡を洗い流す仕上げの行為「すすぎ」をおろそかにしてはいけません。

最近の洗顔料に多いホイップクリームのような濃密泡は、肌への密着度も抜群。それだけにすすぎは「もう十分！」と思うまで行わないと、洗顔料が肌に残ってしまいます。すすぎ残しは、吹き出物、皮むけの原因になるので、泡切れのよい洗顔料であっても、すすぎはしつこいくらいしっかりと行ってください。前面を10回すすいだら、顔を傾けて左右各5回、おでことあごを各5回。最低この回数をこなして、ぬるつきがなくなったら、一度顔を上げて鏡を見て、すすぎ残しがないか確認しましょう。生え際やあごは泡が残りやすいので要注意です。

また、すすぐ際の水やお湯の温度にも気を配りたいもの。洗顔料の使用法には「水かぬるま湯ですすぐ」と書いてありますが、そのぬるま湯というのは30℃程度。つまり**手で触れたとき、冷たくないと感じる「水」**です。最も避けてほしいのは、熱いシャワーを直にかけてすすぐ行為。泡はすっきり落とせますが、大切な皮脂まで奪うため乾燥が進みます。

# 泡を完璧に落とす「すすぎ」のコツ

## Step 1

### 前面はたっぷり10回

前面は、手のひらに水をたっぷりすくって10回すすぎます。凹凸の多い部分なので、ぬめりがなくなるまで、しっかりと。

## Step 2

### 側面は各5回ぬかりなく

顔の側面、とくに生え際は、すすぎ残しが多いところ。手のひらにためた水に顔を浸すようにして左右各5回すすぎます。

## Step 3

### 忘れやすいおでこ、あごは各5回

すすぎ残しが多いおでこは生え際までしっかりと。泡がたまるあごもよくすすぎます。ここで鏡を見て泡が落ちているのを確認。

## Step 4

### タオルで優しく水分をふき取る

清潔なタオルをポンポンと押し当てて水分をふき取ります。このあと、時間をおかずに化粧水をつけましょう。

Rule 3

# メイクでクレンジングは替えるべき

汚れが落ちていなければ、うるおいのある肌にはなれませんが、落としすぎもよくありません。洗顔料で落ちるほど薄いメイクなのに、洗浄力の強いクレンジング（メイク落とし）を使うと、クレンジングが皮脂まで溶かし出してしまうため乾燥が進んだり、毛穴詰まりを起こしたりすることもあります。40代の方に守っていただきたいのは、メイクの耐久性や濃さに合わせて、クレンジングを選ぶことです。

石けんで落ちるタイプのミネラルファンデーションや日やけ止めだけなら、洗顔料だけですませても問題ありません。普通のメイクなら、なめらかなミルククレンジングを。耐久性のあるファンデ、濃いアイメイクの方は、しっかり落ちるオイルクレンジングがおすすめです。

メイクに合わせてあれこれクレンジングをそろえるのが面倒と思われるかもしれませんが、ONとOFFのメイクを決めておけば（P82参照）、最低でも2タイプのクレンジングを用意しておくだけで対応できます。

そして、メイククレンジングのあとはW洗顔が基本。最近、増えてきたW洗顔不要の2in1のジェルやリキッドクレンジングは、忙しい方には便利なアイテムです。ただし、どのクレンジングも、保湿成分がきちんと配合されているような、大人の肌向けのものを選んでください。

# メイクをしっかり落とすクレンジング法

## Step 1

### Tゾーンになじませる

皮脂汚れがたまりやすいTゾーンからクレンジング剤をなじませます。摩擦を起こさないためにも量は惜しまずに。

## Step 2

### 顔全体になじませる

顔全体にクレンジングをなじませます。ファンデーションがたまりやすい小鼻のまわりは、指のはらをくるくるさせて念入りに。

## Step 3

### 目元は短時間で

目元にクレンジングをなじませます。乾きやすい部分なので手短にすませて。このあとよくすすいだら、通常の洗顔を。

## Step 4

### 落ちなかった目元は綿棒で

軽いアイメイクなら①〜③の方法で落ちますが、もし残ってしまったらクレンジングをつけた綿棒で優しくなぞってオフ。

Rule 4

# スペシャルクレンジングで肌は本来の呼吸を取り戻す

きちんと洗顔しているはずなのに、「化粧水の浸透が悪い気がする」「なんだか肌色がくすんでさえない」と感じるなら、普段の洗顔で落ちきれない皮脂汚れや古い角質が肌に残っている可能性があります。スペシャルクレンジングを取り入れてみましょう。

肌の表面の細胞は、ターンオーバーにより平均28日周期で新しいものに入れ替わりますが、加齢によりその働きが乱れると、本来はがれ落ちるべき古い角質が肌に残ったままになります。このような状態を角質肥厚といいますが、肌に居座る角質をすっきり取り去るために取り入れたいのが酵素洗顔やクレンジングクリームです。もし肌が比較的タフな方なら、ゴマージュ（スクラブの一種）を使っても。初めに蒸しタオルなどで肌をやわらかくしてほぐすと、汚れ落ちもよく、肌の負担にもなりません。角質肥厚に加え、毛穴が開いている、あるいは角栓が目立つときには、汚れを吸着して根こそぎ落とすクレイ（泥）パックがおすすめです。

新陳代謝が頻繁に行われる20代の頃と比べて自浄作用が落ちている40代は、こうしたスペシャルクレンジングを1週間に1回は習慣にしたいもの。肌色がワントーン明るくなって、つるんとなめらかな手触りに。そのあとの化粧水も驚くほどグングン入りますよ。

## 1週間に1度は、スペシャルクレンジング

### Step 1

### 蒸しタオルで<br>角質をほぐす

水で濡らしたタオルを電子レンジで1分ほどチンし、温かいうちにタオルを顔に30秒ほど近づけて、蒸気で角質をやわらかくほぐします（やけどに注意）。

### スペシャル<br>クレンジングを

目の周りを避け、角質除去効果が高いクレンジングをなじませます。クレンジングを取り去れば、むき卵のような肌に！

Recommend Item

**クレイ**

ミネラル豊富なクレイが汚れをオフ。プレディア スパ・エ・メール ファンゴ W クレンズ 300g ¥4500（コーセー）

**ゴマージュ**

週1～2回の使用で肌色がみるみる明るくなる。アンフィネス　ホワイト クレイ ゴマージュ 70g ¥4500（アルビオン）

**クリーム**

肌が弱っているときこそ上質なものを。AQミリオリティ リペア クレンジングクリーム 150g ¥10000（コスメデコルテ）

**酵素洗顔**

毛穴の黒ずみや角栓もスッキリ。手触りと明るさに変化が。オバジC 酵素洗顔パウダー 0.4g×30個 ¥1800（ロート製薬）

# Facewash & Cleansing

## うるおいを守る洗顔料・クレンジング

### 洗顔料

洗浄力よりも、すすいだあとに肌がうるおいに満ちるような、保湿成分がぜいたくに入ったものを選びましょう。

濃密で上質な泡がうるおいたっぷりに洗い上げる。セルジェニー フェイシャル ウォッシュ 125g ¥4000（コスメデコルテ）

濡れた手にスプレーして泡立てることで泡が完成。レステッドスキン リキッドウォッシュ 120㎖ ¥3200（セルヴォーク）

ジェルから泡に変わるタイプ。エリクシール ルフレ バランシング バブル 165g ¥1800※価格は編集部調べ（資生堂）

泡が出てくるポンプ式だから時短にも。弱酸性の泡が角質までオフ。リセット ウォッシュ 200㎖ ¥3000（アクセーヌ）

### オイルクレンジング

洗浄力が強いのが特長。濃いめのポイントメイクや耐久性のある落ちにくいファンデーションをオフするときに。

約82％が美容成分という、乾燥肌を救う1本。トリートメント クレンジング オイル 200㎖ ¥3000（カバーマーク）

ジェル状からオイルに変化。ネクターブラン クレンジング ジェルインオイル 125㎖ ¥3200（メルヴィータジャポン）

アミノ酸系保湿成分配合。しっとり感が違う。マイルド ウォッシュ クレンジング 200㎖ ¥3800（アクセーヌ）

発売20年以上を誇るロングセラー。毛穴汚れもスルッと落とす。マイルド クレンジングオイル 120㎖ ¥1700（ファンケル）

[ リキッド・ジェル クレンジング ： 洗浄力はミルクタイプとオイルタイプの中間。みずみずしい質感が好みの方は、こちらを使っても。 ]

美しい肌になれる、ふき取りタイプのクレンジング美容液。フィトチューン　Wクレンジング セラム 200mℓ ¥3500（コスメデコルテ）

フランスの天然湧水とヒアルロン酸がしっとり洗い上げる。ミセラークレンジング ジェル 195mℓ ¥2600（ラ ロッシュ ポゼ）

[ ミルク クレンジング ： ナチュラルメイクの方におすすめ。うるおいを与えるので乾燥しやすい大人肌に最適。 ]

しっとり、ふっくらとした洗い上がりは感動的。トリートメント クレンジング ミルク 200g ¥3000（カバーマーク）

とろけるようになじんで汚れを優しくオフ。レステッドスキン クレンジングミルク 150mℓ ¥3500（セルヴォーク）

うるおいを与えながらメイクオフ。W洗顔も不要。ダマスクローズクレンジングミルク 125mℓ ¥3500（テラクオーレ）

リッチな洗い上がりとお手頃価格を両立。アルジェラン モイスト クレンジングミルク 150g ¥950（カラーズ）

# 乾いた肌を、たっぷりうるおす

Rule 5

# 化粧水は惜しみなく。40代こそ、規定量の「増し増し」で！

私は、朝のスキンケアに20分かけています。なかでも化粧水は押し込むようにたっぷりと。しっかりうるおいを与えると、内側からふっくらとしてツヤが出るばかりか、油分と水分がベストなバランスに整い、ベースメイクも格段に崩れにくくなるんです。化粧水が揺るぎない美肌をつくるといっても過言ではありません。

仕事柄、お客さまの肌を観察していますが、多くの方の肌はとても乾いているんですね。それはなにがたりないかというと、ずばり化粧水。使っている量が圧倒的に少ないのです。

高保湿タイプの化粧水を使っても、量がたりなければ、角層内をうるおいで満たすことはできません。化粧水は浴びるくらい惜しみなくバシャバシャと。手のひらで温めた化粧水の水たまりに肌を浸すくらいの気持ちでたっぷりつけましょう。規定量の1・5～2倍の「増し増し」くらいがちょうどいいのです。

大人の肌には高機能性の化粧水を選びたいですが、それで量をケチるくらいなら、多少コストを落としてでも、たっぷりつけるべき。顔全体に塗ったら、目元や口元などの乾燥しやすい部分も指先を使ってすみずみまで丁寧に。もちっとぷるっとしたら、たっぷり満ちたサインです。

# 保湿を支える化粧水のつけ方

## Step 1

### 化粧水を手に<br>取り温める

化粧水を手に取ったら、手の温度で温めます。乾燥する季節は、このひと手間が、浸透性を高め、うるおいをアップするカギに。

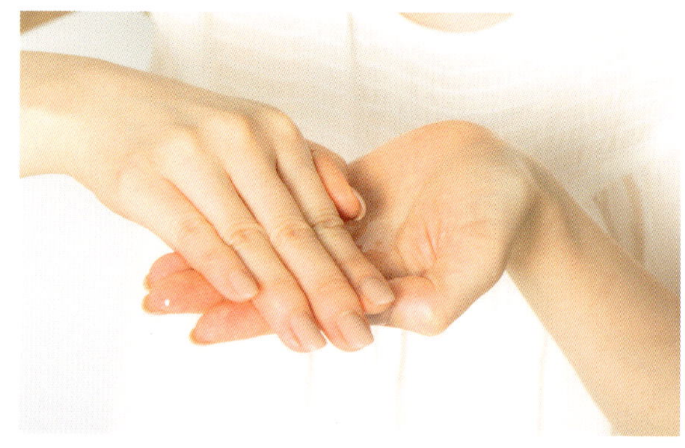

## Step 2

### 顔全体に化粧水を<br>なじませる

指先から手のひらまでを肌に密着させるようにして、顔全体に化粧水を。押し込むイメージでしっかりと。

## Step 3

### 乾きやすい目元は<br>指を置いて

乾きやすい目元は、化粧水をなじませた薬指と小指を下まぶたの丸みに沿わせるようにして保湿。少し目線を上げると塗りやすい。

## Step 4

### さらに全体に追いたす

再び手のひらに化粧水を取り、②〜③の手順を繰り返します。肌が内側からふっくら&もっちりとするまで惜しみなく与えましょう。

## スキンケアはライン使いがマスト？それともカスタマイズしてもいい？

「洗顔料から化粧水、美容液、クリームまでライン使い（スキンケアを同一シリーズでそろえること）したほうがいいですか？」。これ、よくされる質問です。もともとコスメの知識がある方なら、好みのテクスチャーや香り、求める効果でカスタマイズしてもいいと思います。ですが、美白などある一定の効果を狙いたい、あるいはスキンケア初心者の方なら基本はライン使いの選択が無難です。これは、ライン使いをすることで、最大限の相乗効果を引き出せるように考えられているから。ライン使いから始め、慣れてきたら、少しずつお気に入りのものに切り替えてもいいでしょう。万が一、肌に合わなかった場合は、化粧水や美容液はボディーケアに、クリームは髪のツヤ出しに再利用できます。

Rule 6

# パンパンたたけば、化粧水は入る…!?
# その思い込み、危険です！

洗面台でパンパンパン…と肌をたたきながら化粧水を塗っている方を見かけますが、パッティングをすると、肌に化粧水が浸透するというのは勘違いです。確かに、パッティングは血行促進効果があるので、そのようにして塗り込めば一時的に血色がよくなります。ところが過度なパッティングは、ただの刺激にしかなりません。肌表面にはり巡らされた毛細血管に刺激を与え、ヘタをすれば赤ら顔やシミの原因になることもあります。

強くたたいたり、こすったりする行為は、すべて肌への刺激になります。ですから、私は原則的にコットン使いもおすすめしていません。清潔な状態で細かい部分まで塗れるコットンは、上質なものを正しく使えば便利ですが、ほとんどの方は指に力を入れすぎて、ギューギュー肌に押しつけています。コットン表面の毛羽立った繊維は摩擦にもなり、肌表面を傷つけてしまう恐れもあるのです。

**化粧水を塗るなら手がいちばん。**おでこや頬を包み込むようにしながら手のひらを密着させて顔全体に化粧水を塗布したら、指のはらを使って、細かい部分まで丁寧に塗る。仕上げに押し込むようにする最後の一手で、見違えるようなふっくらとした肌に出合えますよ。

## COLUMN

# 成分を知れば間違えることなく コスメ選びに もっと強くなる

「この化粧水、とろみタイプなのに全然うるおった感じがしない…」と感じることはありませんか。正しい方法で化粧水をつけているのにうるおわない場合は、肌に合ってないことも原因ですが、とろみが見せかけのケースも考えられます。

とろみ剤の代表的な成分にセラミドがありますが、これには「本物」と「セラミド風なもの」があります。成分表示に「セラミド－番号（あるいはアルファベット）」があれば、それはヒト型セラミドで、有効なセラミドの証しです。本物のセラミドは、水に溶けないため自然ととろみがつくのですが、なかには、あたかも本物のセラミドが入っているように見せるため、わざととろみ剤を入れているものも。その基剤が、保湿成分の浸透を邪魔している可能性だってあるのです。

そして40代の方に多いのが、オーガニックコスメ信仰です。「植物性だから、安心・安全で肌に優しい」とは限りません。あたりまえのことですが、人によっては植物由来成分が刺激になることも…。化粧品に含まれているすべての成分を覚える必要はないですし、効果がなければニセモノとは限りませんが、私たちも成分の知識を少し頭に入れておくだけで、賢い選択ができるのではないでしょうか。

# Moisturizer

## 肌質や季節でテクスチャーを選びたい化粧水

[ さっぱりタイプ ]

皮脂量が多い方、あるいは汗ばむ春〜夏は、さっぱりタイプを。水のようにグングンなじんで乾きを癒やします。

ヒアルロン酸をしのぐ保湿成分など、100％自然由来成分配合。コスパもよくたっぷり使える。アルジェラン モイストローション エンリッチ 180㎖ ¥1450（カラーズ）

保湿力の高いウチワサボテンオイルを配合。軽やかなテクスチャーで乾きやすい春夏の肌に。モイスチャー ローション155㎖ ¥3400（トーン）

## [ しっとりタイプ ]

リッチな質感のものから、たっぷり使えるものまで。
惜しみなく与えて、乾きやすい大人の肌をうるおして。

つけたあとの肌細胞ひとつひとつがうるおいで満ちて、ふっくらしていくよう。フィトチューン ハイドロチューナー 200㎖ ¥5000（コスメデコルテ）

さまざまな美肌効果が期待できる、浸透力の高いビタミンC「APPS」を高配合。VC100エッセンスローションEX 150㎖ ¥4700（ドクターシーラボ）

ベースは弱酸性の立山の温泉水。乾いた肌にグングンしみ込んで大人の肌をうるおいで満タンに。レステッドスキン ローション 120㎖ ¥4200（セルヴォーク）

ツヤとハリが出る。エリクシール シュペリエル リフトモイストローション T II〈医薬部外品〉170㎖ ¥3000※価格は編集部調べ（資生堂）

美容液のように美容成分が凝縮されている「化粧液」。肌にツヤとふっくらとした弾力を与えます。エンリッチ化粧液 II しっとり 30㎖ ¥1700（ファンケル）

高濃縮イソフラボン配合。ふっくらうるうるになって透明感が出るうえ、コスパも優秀。なめらか本舗 しっとり化粧水 NA 200㎖ ¥900（常盤薬品工業）

少しとろみがかった質感で、美容液に匹敵するほどのうるおいを与えてくれる1本。ワイルドローズ モイスチャーローション 100㎖ ¥3800（ヴェレダ・ジャパン）

Rule 7

# シートマスクは時間厳守。時間超過は逆効果です！

「肌がガサガサに乾いたから、ローションマスクでじっくりケアしよう」と、化粧水をたっぷりしみ込ませたシートマスクを顔にのせ、そのままウトウトしていたらマスクも肌もバリバリに乾いていた…。その行為、危険すぎます！　シートマスクは、長時間つけていれば、うるおいが増すというアイテムではありません。

マスクによく使われる素材にコットンがありますが、つまりこれは、水分や油分を吸い込む力に長けた素材です。シートマスクに含んだ化粧水がすっかり乾いてしまったら、今度はそのシートが肌からどんどん水分や油分を吸い上げます。ですからシートマスクの時間超過は、そのまま肌の乾燥へとまっしぐら。規定時間より長くつけていれば効果が倍増するのではなく、むしろその逆です。

美容液成分やクリームなどリッチな保湿成分を含んだシートマスクであっても、規定時間〜やや早めに切り上げるのがベター。クレンジングや洗顔が正しく行えていれば、ほんの数分でもうるおい成分がスッと入りますよ。シートマスクのうるおいをプールするには、上からラップ材のようなものでおおうのも手です。

# シートマスクの効果的な使い方

## Step 1

### 化粧水で保湿した肌に シートマスクをのせる

乾燥が気になる日は、じっくり保湿できるシートマスクを。隙間がないよう肌に密着させたら、規定時間を超えないうちに外します。

## Step 2

### 上から ラッピング

シートマスクの上から、100均などにあるシリコンマスクでおおうと、水分が蒸散することもなく、蒸らし効果でうるおいたっぷりに。

Recommend Item

敏感肌にも。ミノン アミノモイスト ぷるぷるしっとり肌マスク 22㎖×4包 ¥1200 ※価格は編集部調べ（第一三共ヘルスケア）

ミノン アミノモイスト うるうる美白ミルクマスク〈医薬部外品〉20㎖×4包 ¥1500 ※価格は編集部調べ（第一三共ヘルスケア）

やわらかい素材で肌あたりも抜群。フェイスマスク ルルルンONE WHITE 30㎖×5包 ¥1500（グライド・エンタープライズ）

Rule 8

# オールインワンを「ワン」で すませてしまうのは、ちょっぴり危険

洗顔のあと、化粧水から美容液、乳液、化粧下地までたった1個でスキンケアがすんでしまうオールインワンコスメって、本当に便利ですよね。多くはジェル状でベタつかないから使い勝手がいいのですが、乾きやすい40代の肌には、正直ものたりません。パッと塗った瞬間はみずみずしくても、うるおいを蓄えておける「貯水力」が圧倒的に弱いのです。

とはいえ、オールインワンコスメが、家事や仕事に忙しい女性の味方であることは間違いありません。とくに肌が無防備になるお風呂上がりは、肌表面からどんどん水分が蒸散しているので、すぐにスキンケアの時間が確保できないのであれば、「とりあえず」でパッと塗る分には、非常に便利なアイテムだと思います。

ひと昔前のオールインワンは、肌にのばすとポロポロとしたカスが出たり、保湿力が頼りないものもありましたが、近年では機能もグンと向上しました。のびやかな質感でありながら高保湿タイプのものが増えてきたので、選ぶときはそのような、なるべくリッチなものを使うようにしてください。それでも40代の肌には油分がややたりないので、とくに乾燥しやすい目元や口元には、クリームやオイルを「ちょいたし」するように心がけてくださいね。

COLUMN

# 肌に合うスキンケアはどうやって見つけたらいいの？

「どんなスキンケア用品を買ったらいいですか」「いまだに肌に合うスキンケアがわからず困ってます」…そんな質問をよく受けます。

肌質に個人差があるように、コスメも千差万別。一概にこのスキンケアがいい、とは言いきれません。私がいいと思ったコスメは、あくまでも私の肌で試して体感を得たものですから、万人の方に向く、というものではないのです。

しかし、自分に合ったスキンケアを選ぶ、わかりやすい指針はあります。それが美容液です。洗顔料、化粧水、美容液、乳液、クリームといったすべてのラインがそろっているブランドの場合、そのラインの象徴的な美容成分をいちばん濃縮しているのが美容液。この美容液こそが迷えるあなたを導く、羅針盤となります。

あれこれ悩んだら、まず美容液だけお試しを。もし、とても気に入ったなら、洗顔料や化粧水、クリームも、肌に合う場合が多いです。そしてしっくりきたら、それこそがあなたにとって運命のスキンケア。もちろん年齢や季節でその相性は変わるので、アップデートも忘れずに。

# エイジング悩みは、「攻める！」

## Rule 9

# お金をかけるべきは、クリームより「攻め」の効果が高い美容液

肌は、上から「表皮」「真皮」「皮下組織」の3構造になっています。一般的に化粧品は表皮の角質層までしか浸透しませんが、年齢に伴う悩みをケアするなら、表皮のさらに奥の真皮まで、なにかしらアプローチをかけたいところ。それを多いに期待できるのが、美容液です。美容液には、クリームをはるかにしのぐ美容成分が高濃度で配合されています。そのため値段も少しお高め。

クリームには、なめらかな質感とリッチなコクがありますが、基本的な役割は、うるおいを閉じ込める「フタ」。効果を求めて高級なクリームを選ぶ前に、**美容液にいちばん力を入れてほしい**と思います。シワやシミ、たるみなどのエイジングサインに徹底的に立ち向かうには、美容液の力がどうしても必要なのです。

スキンケアはライン使いが理想ですが、すべてハイブランドでそろえると、コストがかかってしまいます。その結果、量をちびちび使うくらいなら、化粧水やクリームは多少コストを落としてもかまいません。浮いた分は、美容液に投入。そして「ちょっと多いかな？」と思うくらいぜいたくにつけましょう。

Rule 10

# 美容液とは、とりあえず 1ヵ月つき合ってみる根気が必要

肌の反応が、以前より鈍くなっていると感じませんか？

ちょっと背伸びして買うようなハイクラスのエイジング向け美容液。20代や30代にそれを使うと、翌日すぐに喜びと手応えをもたらしてくれましたが、そんな驚きに満ちた体験は減ったのではないでしょうか。40代にもなると、美容液の効果が翌日ダイレクトに表れることは残念ながらほとんどありません。これは肌の生まれ変わりであるターンオーバーが関係しています。**肌の反応は加齢により鈍くなっている**のです。

もし、「いいな、使ってみたいな」と思う美容液が現れたら、20代ほど目覚ましい効果が期待できないことを大前提に、じっくりつき合ってみましょう。シミを薄くするとされる美白美容液も、シワの溝を浅くするエイジングケア美容液も、**1本使いきってみないと、本当の効果はわかりません**。

恋愛も1日つき合ったくらいでは相手のことが理解できないように、美容液も1日くらいでは結果が出ることはまずありません。ひととおり1本使いきるまでつき合ってみる根気強さが40代には求められます。

もし、塗った瞬間に「いいかも！」と感じたり、3日～1週間使ってみて「あれ、違う！」と思えたりしたら、その美容液は「当たり！」です。

# Serum
## 肌悩みに合わせて選びたい美容液

### [ エイジング対策美容液 ]
加齢に伴う年齢肌サインを集中的にケアする
有益な成分が。40代からは投入したいマストアイテム。

エイジングサインにマルチに働きかけるから、「これさえあれば！」という安心感が。ダブル セーラム EX 30㎖ ¥11000（クラランス）

ターンオーバーが鈍くなる40代の肌に。とろみのあるテクスチャーも心地いい。B.A セラム レブアップ 40㎖ ¥13500（ポーラ）

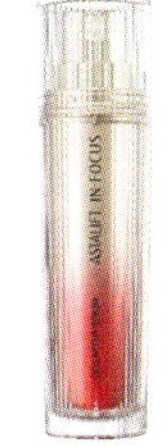


内側から立ち上がるようなハリが。アスタリフト イン・フォーカス セルアクティブセラム 30㎖ ¥12000（富士フイルム）

### [ 部分用美容液 ]
小ジワが目立ってくる目元を集中ケアする部分用。
塗り方についてはP.42を参考に。

ゴールドを配合したリッチなクリーム。ハリと透明感のある肌に。AG ジーニアス アイ クリーム 15g ¥7000（ベアミネラル）

肌と一体化するように目元にピタッと密着。リファイニング　アイ セラム 15㎖ ¥7000（カネボウインターナショナルDiv.）

目元にハリを与えてシワを改善。ベネフィーク レチノリフトジーニアス〈医薬部外品〉20g ¥8000 ※価格は編集部調べ（資生堂）

Rule 11

# 「肌アイロン」のテクで、ほうれい線をリセット

見た目年齢を左右する「ほうれい線」は、加齢により頬の筋肉が衰えることで目立ってきます。生まれもった骨格にも左右されるため、丸顔だったり、頬にボリュームがある方は、比較的ほうれい線が深く刻まれやすい傾向にあるようです。また、口元の筋肉がゆるい、猫背で姿勢が悪い人もほうれい線ができやすいといわれています。

深くなってしまった溝を根本からふっくら持ち上げるには、美容医療の力を借りなければなりませんが、まだ浅いのであれば挽回の余地はあります。エイジング対策の美容液を塗る際に、引き上げて塗るようなひと手間でほうれい線を消し去りましょう。

ほうれい線を目立たせないために私が日々、取り入れているのが、「肌アイロン」。美容液や乳液・クリームを塗るついでに、肌を引き上げてから指でなぞり、ほうれい線の溝を消します。ほうれい線周りのかたくなった筋肉をほぐして血行をよくするので、ほうれい線の予防になります。

これはあとのページで述べますが、ほうれい線の衰えは「不機嫌顔」につながります。第一印象を大切にしたい方こそ、ほうれい線のケアを忘れずに。まだほうれい線が目立たない方は、予防として毎日の習慣に取り入れてみましょう。

# ほうれい線を消す「肌アイロン」

## Step 1

### こめかみをピンと引き上げる

美容液をなじませて滑りをよくしてから行いましょう。左手を右こめかみに添え、シワをピンとのばす気持ちで、斜め上に引き上げて。

## Step 2

### 薬指と小指をスタンバイ

指はここを使います

右手の薬指と小指をほうれい線の溝にフィットさせ、スタンバイ。

## Step 3

### こめかみまで引き上げる

ほうれい線のシワを伸ばすイメージで、薬指と小指をこめかみまで優しく滑らせます。10回行い、逆側も同様に。

Rule 12

# 目元をたるませるのもたるみを消すのも、美容液の塗り方ひとつ

私が20代の頃はマスカラメイクの全盛期で、マスカラをたっぷり塗ってはアイメイクリムーバーでゴシゴシふいていました。そのため目元には、年齢にそぐわない乾燥小ジワが…。そこで若い頃から、リッチでコクのあるアイクリームに手を伸ばしていました。でも、塗れば塗るほど、翌朝の目元が重だるくなってしまうんですね。私の目元には、クリームは重すぎました。それからは目元美容液を愛用しています。

一日に約2万回近くのまばたきを繰り返す目元は皮膚が薄く、そのうえ皮脂分泌量も少ないため、乾燥小ジワができやすいデリケートな部分です。それだけに細心の注意を払わないと、シワが刻まれることにもなりかねません。よく商品の使用説明書には「目元のマッサージ方法」が記載されていますが、これ、ほとんどの方が正しくできません。多くの方は力を込めすぎで、肌摩擦で乾燥やたるみの原因をつくっています。

私が考える効果的な塗り方は、目元のシワをピンッとのばすようにして美容液を塗る「肌アイロン」です。人さし指や中指だと力が入ってしまうので、使うのは薬指と小指。優しい力でシワを引き上げながら目尻に向ってスーッと力を抜きます。表面を軽くさするだけでも血行がよくなるので、目元がパッと明るくなります。

# デリケートな目元をケアする「肌アイロン」

## Step 1

### こめかみをピンと引き上げる

顔全体に美容液をなじませて滑りをよくしておきます。左手を右こめかみに添え、斜め上に引き上げて。目頭に薬指と小指を置いてスタンバイします。

## Step 2

### ごく弱い力でなでる

薬指と小指のはらで目の下をなでます。デリケートな場所だけに強く引っぱるとたるみの原因になるので、優しいタッチで行って。

## Step 3

### こめかみまで引き上げる

目の下にたまった滞りを流すイメージで、薬指と小指を目尻まで滑らせます。10回繰り返し、逆側も同様に。

Rule 13

# おでこのシワを消して、「おじさん顔」を脱却

おでこのシワって「おじさん顔」を加速させてしまうと思いませんか？「おばさん」でなく、「おじさん」。おでこにシワがあると気難しい印象まで与えてしまいそうです。おでこのシワの原因はさまざまですが、多くは長年の表情のクセ。視力が悪くて目を細めたり、上目づかいをしたり、眉をひそめて考え事をしていませんか。表情を大きく動かすクセがある方は要注意です。さらに40代になると、そこに頭皮の筋肉の衰えによるたるみも手伝って、シワが目立ってくるといわれています。根本からの引き上げは、化粧品だけでは難しいですが、**表面のたるみをケアするなら「肌アイロン」が有効。**このあとのページで紹介する「頭皮マッサージ」を同時に行うと、さらに効果的ですよ。

これは余談ですが、不思議なことに私と母は、しゃべり方のクセや骨格が似ているんですね。遺伝子を引き継いでるから当たり前なのかもしれませんが、長年一緒に過ごしているため自然としゃべり方が伝染してしまったのかも。そう考えると、自分の将来の顔は親を観察すれば予測できそうです。もし、あなたのご両親に表情のクセによるおでこのシワがあったら、その顔に近づく可能性が。まだ気にならないおでこのシワも、先手先手でケアに励んでみてください。

# おでこのシワをケアする「肌アイロン」

## Step 1

### こめかみから<br>アイロンを

おでこに美容液をなじませて滑りをよくしておきましょう。薬指と小指をこめかみの上に置いたら、生え際に向って引き上げます。やや強めの力でOK。

## Step 2

### 薬指と小指を中央に<br>スライド

指の位置を少しずつスライドさせ、おでこの中央をリズミカルに引き上げて。シワがピンとのびているか、鏡で確認しながら行って。

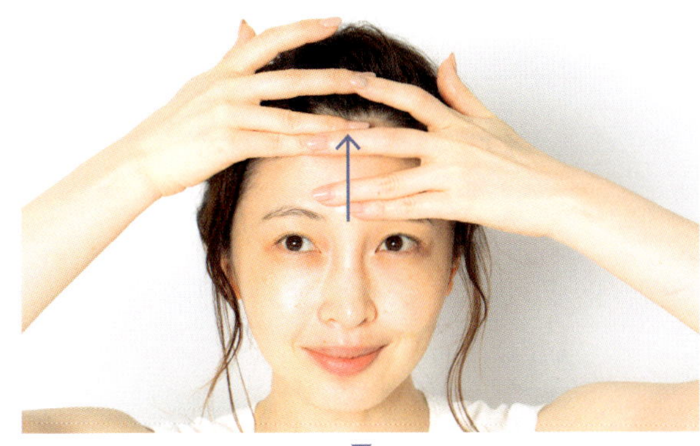

## Step 3

### 逆側のこめかみも<br>引き上げる

さらに指をスライドさせ、逆側のこめかみも引き上げます。おでこを引き上げることでシワだけでなく、まぶたの重みも解消できます。

Rule 14

# 年齢が隠せない首のシワこそ手を抜かずに毎日根気よくケアを

スキンケアやメイクに気を配っても、意外と手を抜きがちなのが首元のケア。顔と同様に紫外線を浴びているのに、保湿やUVケアがおざなりになりがちなのも、肌老化を進ませる原因です。それゆえに首は、年齢が隠しきれないパーツだといわれます。

年輪のように刻まれていく首のシワは、毎日の顔のスキンケアの延長で行います。一度、上を向いて首をピンとのばしてください。そのときに消えるシワは、毎日のケアで目立たなくすることができます。あきらめないでケアを続けましょう。

ここでも有効なのが「肌アイロン」です。顔と同じように美容液などで保湿したら、首をぐいっと上げて、アイロンをかけるように指先で首のシワをのばします。最後は首を上から下にさすり、鎖骨に老廃物を流しましょう。

首専用の美容液やクリームもありますが、顔と同じものを使用してもかまいませんので、毎日根気よく続けましょう。ただし、思った以上に日中、日差しを浴びるパーツなので、紫外線が気になる季節は日やけ止めを忘れないように。加えて週に1~2回、定期的に顔用のスクラブで角質除去すると、つるんとなめらかになりますよ。

# 首元の年齢を消す「肌アイロン」

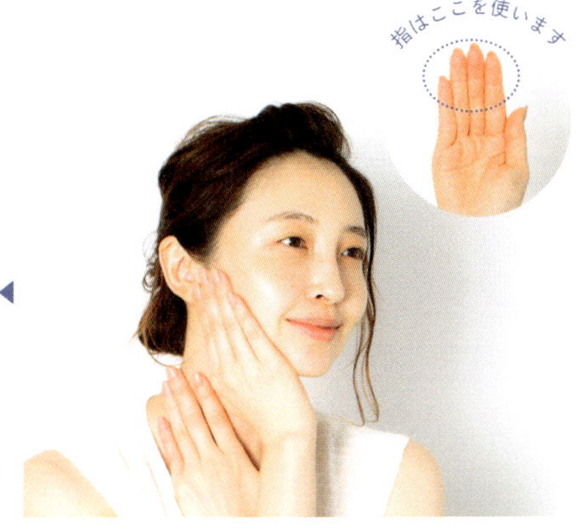


## Step 1

### 耳の下に指をスタンバイ

首～デコルテに美容液を塗って滑りをよくしておきましょう。首を上げてシワをのばし、耳の下に手を置きます。

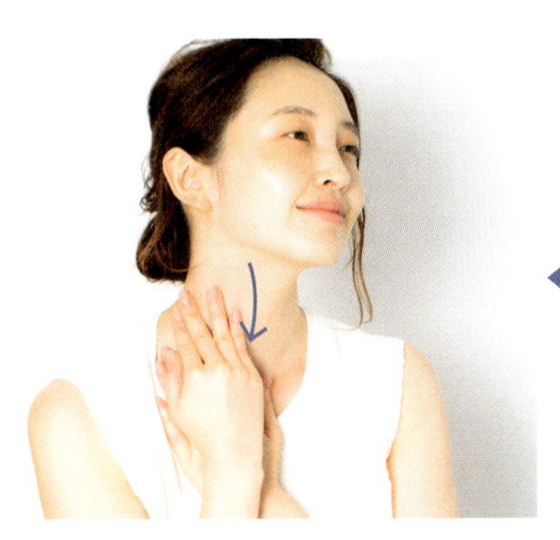

## Step 2

### 耳下からデコルテに向かってなでる

フェイスラインのもたつきを流すイメージで、耳の下からデコルテに向かって指をなで下ろします。逆側も同様に。

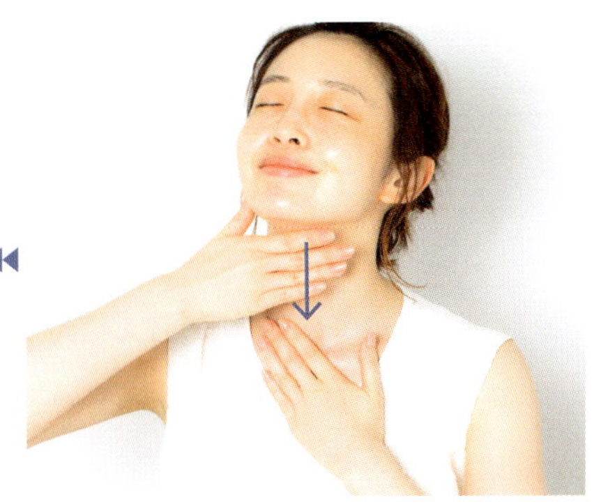

## Step 3

### 首の真ん中も上から下へ

鏡を見てシワがのびているのを確認しながら、シワができやすい中央も、指を上から下にリズミカルに動かして、肌アイロンを。

## Step 4

### 鎖骨へつまりを流す

下に流したつまりを鎖骨へ。指のはらで鎖骨の内→外とさすり、肩の内側でワンプッシュしてリンパを刺激。逆側も同様に。

Rule 15

# 頭皮マッサージで たるみを防ぐ

顔と頭皮は1枚の皮でつながっています。そもそも頭皮は、肌のたるみの起点。**頭皮がイキイキとしてハリがあれば、自然と顔も引き上がり、逆にたるんでいればフェイスラインはゆるみます。**だから、頭皮マッサージをするだけで、たるみ、ほうれい線が浅くなり、目が大きく見えるんです！

まずは、親指以外の指4本を使い、側頭部から頭頂部に向かって頭皮をグイッと引き上げてください。次に、頭のてっぺんの両側にへこみがあるので、これを内側に押すようにします。押しながら後頭部まで刺激すると、頭皮の血行がよくなり、顔色も明るくなり、ほうれい線もキュッと上がります。

さらに、頭皮マッサージをするときに、頭皮用のエッセンスを併用すると頭皮環境が向上し、健やかな地肌と美しい髪が手に入ります。年齢的に増えてくる薄毛や抜け毛対策としても効果的です。

最近はヘアアレンジの際にブラシを使わない方が増えていますが、ブラッシングは血行促進のため一日一度は行いたいもの。マッサージできるパドルブラシや、シャンプーの際にはシリコンブラシを取り入れてみてください。

# ほうれい線まで目立たなくなる、頭皮マッサージ

これがあると便利！

クッション性が高いので頭皮を傷めません。頭皮のツボを適度に刺激して、頭皮環境も向上。パドルブラシ ¥3000（アヴェダ）

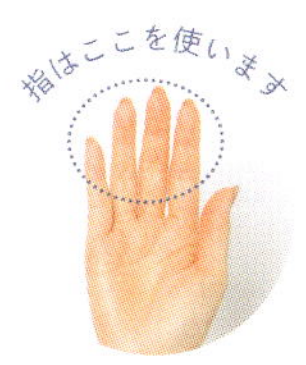

## Step 1

### 指を側頭部にスタンバイ

親指以外の4本の指を使います。耳の上の側頭部に指を開いた状態で置いてスタンバイ。

## Step 2

### 指を引き上げ、頭頂部へ

痛気持ちいいくらいの力でギザギザと刺激しながら頭頂部へ指を滑らせます。頭頂部まで達したら、左右にある骨のへこみを探して。

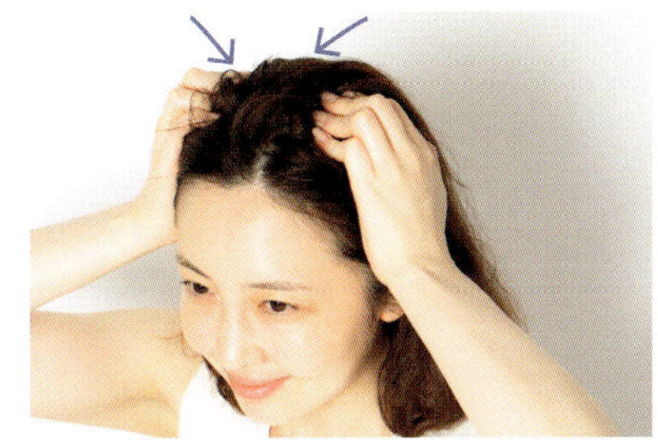

## Step 3

### ほうれい線が上がるポイントを探す

へこみを前から順に指で押していくと、ほうれい線がキュッと上がるポイントが見つかります。その部分を内側に押し込むようにして。

## Step 4

### ブラシで頭皮を刺激

最後は、頭頂部に置いたブラシを後ろに滑らせて頭皮全体の血行を促進。健康的な地肌に導くことで顔のたるみを防止します。

Rule 16

# 筋肉のこりを解消すれば顔のたるみが引き上がる

「フェイスラインがぼんやりとして、顔がひと回り大きくなった」「顔色がさえない」と感じていませんか。

もしかしたら顔の筋肉がこっているのかもしれません。巡りが悪くなり、むくみなどの老廃物がたまっている可能性があります。

顔の筋肉がこってしまう原因はさまざまですが、一般的にはストレスによる食いしばり、眼精疲労、しゃべり方や食べ方のクセなどが考えられます。こうした行為が日々積み重なることにより、顔面のあらゆる筋肉がこり固まってしまいます。肩こりに比べて顔のこりは気がつきにくいので、そのまま放置されることも少なくありません。試しに、エラ、頬、眉、こめかみなどを押してみてください。痛みを感じるなら、その部分はこっている可能性が大です。

顔周りのこりは、こまめなセルフケアが有効です。部分的に刺激を与える「つまみ出しケア」で老廃物の排出を促し、巡りをよくしましょう。ケアの際は、必ず肌に美容液やクリームをたっぷり塗り、肌摩擦が起こらないように注意してください。間違ってもギューギュー押してはいけません。

## こった部分の巡りをよくする「つまみ出しケア」

### 眉頭

**眼精疲労でこっている眉頭を刺激**

眼精疲労が蓄積すると眉頭がむくんできます。眉頭を親指と人さし指で10回ほどつまんで刺激を。まぶたのたるみもすっきり。

### エラ

**食いしばりでこる、エラを刺激**

食いしばりなどでこりがたまると、エラばりの原因に。指先でくるくる10回ほど押圧を。フェイスラインのもたつきにも効果的。

### 耳

**ツボが集まる耳たぶを、ぐるぐる回す**

耳たぶを回すことで耳に集まる多くのツボやリンパを刺激。かたくなってしまった頭皮からあごの筋肉もゆるみ、小顔効果も。

### 頬の下

**老廃物のたまる頬の下を押して刺激**

頬の下を押して痛い人は顔の老廃物がたまっている可能性が。人さし指で押すようにして刺激。血色もよくなります。

Rule 17

# 不機嫌顔を好印象の表情に格上げする口角エクササイズ

集中して真剣に作業していたら「あれ、今怒ってます？」と聞かれたことはありませんか。40代の無意識の「真顔」は、不機嫌に見られることがあります。ただでさえたるんでくる顔。そこに怖そうな印象が加わったら、救いようがありません。

その原因は、口元のたるみ。口角が下がると自然と不機嫌顔になってしまいます。エクササイズでキュッと上がった口角を目指しましょう。

ここで紹介するエクササイズは特別な道具を用意する必要がないので、気がついたときに取り入れていただきたいです。テレビを観ながら、夜のスキンケアの最後になど、時間を見つけてこまめに実践を。

あと、もうひとつ、**不機嫌顔を解消するために大切なこと。それは、笑顔の回数を増やすこと。**笑顔って、普段から笑っていないとなかなかできないんです。笑う筋肉を使っていなければ、とっさのときに笑顔になれず、ぎこちなく苦笑いのようになってしまいます。

だから、近所の方に会ったときの「こんにちは」の挨拶や、スーパーのレジの店員さんにおつりをもらうときの「ありがとう」のひと言に笑顔を添えて。笑顔は連鎖しますから、自分だけでなく周りの表情までやわらかく変えてくれますよ。

# 素敵な笑顔をつくる「口角エクササイズ」

## Step 1

### 割り箸を前歯で噛む

割り箸の線よりも口角が上に来るように意識しながら、割り箸を前歯だけでギュッと噛み、30秒キープ。口をしっかり横に広げて。

## Step 2

### 口を横に広げて「いー」

割り箸を外し「いー」の口をする。口角をグッと横に押し広げて、上にキュッと持ち上げるイメージで。30秒が目標。

## Step 3

### 口をすぼめて「うー」

口をすぼめて「うー」の動きを30秒行う。唇を前に突き出すようにして思いきり動かすのがコツ。②〜③を2〜3回繰り返すと効果的。

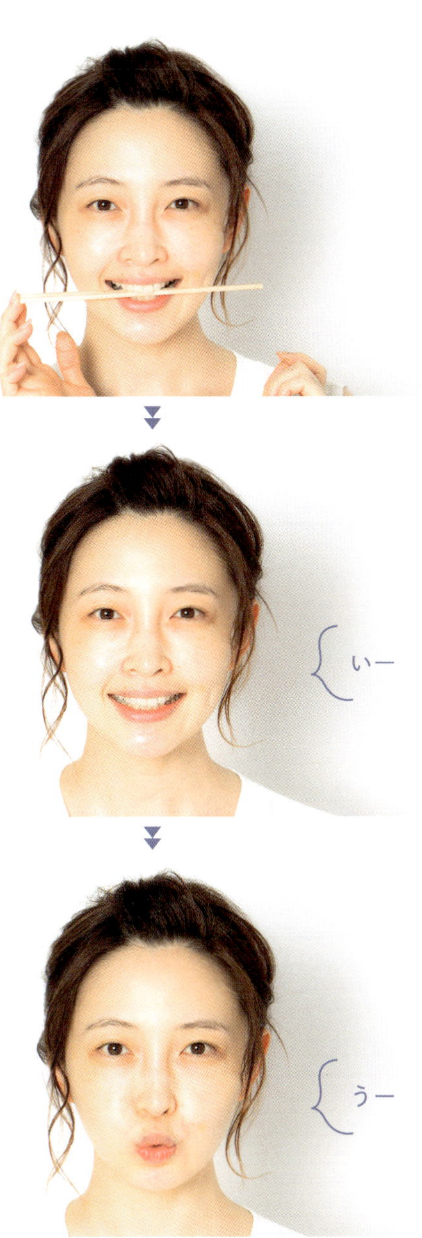

うるおいを「守る」、美肌を「守る」

Rule 18

# この先、若く見えるか、枯れて見えるかは、「油分」次第

化粧水のあと、乳液やクリームをきちんと塗っていますか。洗顔、化粧水、美容液、そして乳液やクリームまでのプロセスを丁寧にこなしてこそ、「保湿」が完結します。

美容液を塗ると一瞬にして肌にツヤとハリが出ますが、そこに〝フタ〟をしなければ、せっかく与えた保湿成分が肌表面から蒸散します。蒸散をブロックするのが、乳液やクリーム。化粧水や美容液のうるおいを閉じ込める〝フタ〟のような役割があります。40代になると「天然のクリーム」と呼ばれる皮脂分泌が減りますから、油分を含むクリームは必須。ツヤっぽい質感にしたいならオイルもおすすめです。

とくに20代の頃オイリー肌だった方は、化粧水や美容液のあとは、自分の肌から分泌される油分で保湿は十分と考えがちで、いまだクリームに対して抵抗があるようです。しかし、肌表面から水分が逃げてしまうと水分と油分のバランスが乱れ、さまざまな肌トラブルを引き起こします。油分が不要なのはせいぜい20代まで。40代は皮脂が減っていることを自覚するべき世代なのです。

しっとりツヤっぽく見えるか、パサついて見えるか。この先、若く見えるかは「油分」にかかっています。

Rule 19

# 目元や口元はつけすぎると逆効果。クリームは「適材適量」で

先ほど、油分の必要性を説きましたが、使用量を間違えると、美しい仕上がりから遠ざかってしまいます。つまり、たりなくても、つけすぎても意味はないのです。なかでも、つけすぎに注意したい場所が目元や口元といった皮膚が薄いところ。この部分に、オイルがたっぷり入った重めのクリームを塗ると、それが重みとなり、たるんでしまうこともあるので要注意です。

オイルが多めに配合されたものは、とろけるような質感が魅力で、エイジング効果も優秀。シワにスッと入り込むため、塗った瞬間はシワがなくなったように見えますが、皮膚の薄いところにマスクのようにたっぷり塗ると、その重みが肌負担となることも少なくありません。

乳液だけではものたりない方は、クリームをぜひ取り入れてほしいのですが、ほかの部分の4分の1の厚さしかない目元の皮膚には負担になることも。みずみずしくて軽さのあるものを選び、うすーくラップをかけるくらいのイメージでつけましょう。

そしてつける前もつけたあとも、体温を利用してクリームをとろけさせ、少し時間をかけてしっとりなじませること。このひと手間で見違えるようなハリとツヤが生まれます。

Rule 20

# 夜は排泄の時間。「守る」ケアは軽めでも、肌は納得する

冒頭にも述べてますが、私は朝20分かけてスキンケアをしています。朝のひと手間でその日の肌のコンディションが左右されるから、この作業は丁寧に行います。日中の化粧崩れも、肌の乾燥も、朝のスキンケア不足が原因。結局、朝のスキンケアの手を抜けば、その分、メイク直しや特別なケアに時間を割かなくてはなりませんから、朝に時間をかけてケアするほうが、はるかに効率的です。

朝のスキンケアに手をかければ、日中に浴びる紫外線や花粉、ホコリ、大気汚染のダメージを最小限に抑えられるので、夜寝る前にリカバリーのための特別なケアをしなくてすみます。もちろん炎天下で過ごした、北風に吹かれたなど、日中過酷な状況に置かれていたなら、その日のうちに早めのスペシャルケアが必要ですが、朝20分のケアをしていれば夜は軽めで十分。過度な甘やかしは不要です。

睡眠は、日中ダメージを受けた細胞が修復される大切な時間。ですから夜遅くまでスキンケアに時間を割くよりは、早めに寝て自己回復に努めたほうが賢明です。翌朝は早く起き、ゆったり時間をかけてスキンケアを行うことで、美習慣のスパイラルが生まれます。

Rule 21

# クリームやオイルは、温めて使うひと手間で肌がツヤめく

40代になると肌の乾燥が進みますが、その代表的な原因に「皮脂分泌量の低下」が挙げられます。チーズたっぷりのこってりしたものや、揚げ物などの油っぽい食事も少しずつ受けつけなくなってきて、油そのものを摂取する機会が減っています。摂取する油分が少なければ、自分の肌から分泌される油も減り、肌が乾燥しやすくなるのも当然です。

そんな肌がもっとも油分を欲するのが、秋から冬にかけて。この時季は、寒さの影響で皮脂分泌が減るので、外から補うことが必須です。ただ、冷えてかたくなった肌にクリームやオイルをなじませるには、「温める」ひと手間が必要。蒸気で肌をほぐすスチーマーがあればベストですが、もしなければクリームを塗った上から蒸しタオルを。肌ギリギリまで近づけて肌を蒸らすと浸透しやすくなります。

軽く濡らして絞ったタオルをラップにくるんで1分ほどチンしたら、顔から3㎝まで近づけてスチームの力で蒸らします。タオルの内側が思った以上に熱くなっていることもあるので、やけどには注意してくださいね。30秒ほどのスチームタオルで血行がスムーズになり、肌にクリームが溶け込んで、はね返すようなハリとツヤが。肌色がぱっと華やいで、ワントーン明るくなりますよ。

Rule
# 22

## クリームをたっぷり塗ってなじませる。これで日中負けない肌が完成する

朝のスキンケアのなかでも、私がじっくり時間をかけてなじませるのがクリームです。化粧水で保湿をし、美容液で美容成分を与えたあと、こっくりしたクリームをたっぷり塗ります。この量は通常の1・5倍。これは夏でも、です。皆さん必ず驚かれますが、クリームはそれほどまでに、40代の方にはたっぷり使っていただきたいアイテムなのです。

P56で、目元や口元に塗るクリームは、「ラップをかけるように薄く」とお話ししましたが、頬は別。空調の効いた室内で一日を過ごす方ならなおのこと、クリームをしっかりと、が基本です。なぜなら、エアコンで肌が乾燥してしまうと余分な皮脂が出て、ベースメイクが崩れてしまうから。朝たっぷりクリームを塗ることで、いつまでたっても肌が乾燥しないので、つけたての美しさが長もちします。

「たっぷりクリームを塗ると、メイクがヨレそう」と思う方もいますが、これは肌にしっかりなじませていないから。手のひらで温めたクリームを塗付したら、少し時間をおいて肌と一体化するまで待ちます。こうすると次に塗る下地やファンデーションが滑ることはありません。また、これは基本中の基本ですが、クリームを塗る際はギューギューとマッサージをしないこと。次のページの塗り方も参照にして。

# 肌摩擦を抑える乳液・クリームの塗り方

## Step 1

### 手のひらになじませる

クリームや乳液を取り、手のひらを合わせてなじませ、人肌に温めます。クリームに含まれている油分がゆるみ、親和性がアップ。

## Step 2

### 手のひらで肌を包む

優しく肌を包み込むようにしながら、顔全体になじませます。手のひら全体でつけることで肌摩擦が抑えられます。

## Special

## スペシャルケア

### 蒸しタオルを近づける

水を絞ったタオルを1分チンして、蒸しタオルをつくります。クリームを塗った顔に近づけ、蒸気を当てて30秒。肌が明るくなります。

## 目元

### 目元などの細部はピアノタッチで

皮膚が薄い目元は、こめかみを引き上げ、シワを開くようにして、そこにクリームをトントン。優しいタッチで塗り込んで。

# Emulsion & Cream

## うるおいを逃がさない乳液・クリーム

### 乳液

クリームより軽い質感が好みの方は、するっとなじむ乳液を。たっぷりつけたら時間をおいてなじませて。

化粧水の前に使うことで、肌のキメが整い、ふっくらと持ち上がる。フィトチューン リファイニングソフナー 200㎖ ¥5000（コスメデコルテ）

皮脂をコントロールするので夏に最適。アベンヌ クリナンス エクスペール エマルジョン 39g ¥2600 ※価格は編集部調べ（ピエール ファーブル ジャポン）

オイルが絶妙にブレンドされた、なめらかにのび広がるミルク。肌がしなやかに変わる。レステッドスキン ミルク 100㎖ ¥4800（セルヴォーク）

ハリが乏しくなる世代の肌を考えた乳液。化粧液とセットで使うのがおすすめ。エンリッチ乳液Ⅱしっとり 30㎖ ¥1700（ファンケル）

まろやかな質感とワイルドローズのぜいたくな香りが特徴。ワイルドローズモイスチャーミルク 70㎖ ¥3800（ヴェレダ・ジャパン）

### クリーム

こっくりした質感で大人の乾いた肌を包み込み、うるおいのヴェールを形成。乾燥しやすい方は夏もクリームを。

ヒト型セラミドが外的刺激をブロック。ダメージに弱い肌に。アヤナス クリーム コンセントレート 30g ¥5500（ディセンシア）

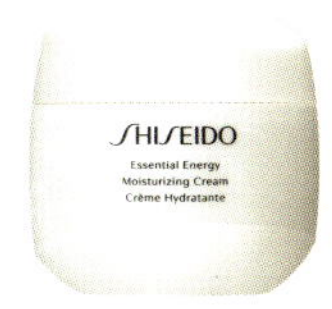


リッチな成分を配合。SHISEIDO エッセンシャルイネルジャ　モイスチャライジングクリーム 50g ¥6500（資生堂インターナショナル）

乾きやすくなる肌に継続的にうるおいを与えて、立て直す。モイスチャー サージ 72 ハイドレーター 49g ¥6000（クリニーク）

Rule 23

# 40代、今こそオイルを味方にして ふっくらピン！のツヤ肌に

乳液やクリームのほかに、〝フタ〟になるものがあります。それが美容オイルです。オイルは、肌の乾燥が進む40代から目を向けてほしいもののひとつ。頼もしい保湿力があるばかりか、ほんの数滴で肌に見違えるようなツヤやハリが出る、私も欠かさない魔法のようなアイテムです。

オイルというと「ベタつくのでは…？」「油やけしそう」と敬遠しがちですが、近年の美容オイルは、水のようにさらっとしていて、その質感に驚くほど。使用説明書に「夜用」とあるもの以外は、油やけの心配もなく日中でも気兼ねなく使えます。機能面も多様化し、保湿はもちろんのこと、美白ケアまで兼ねるもの、さらには洗顔後につけることで化粧水の浸透力を高めるブースター（導入）機能を備えたものもあります。

乾燥肌の方は、夏にも美容オイルをつけるのがおすすめ。紫外線を浴びると肌表面から水分が逃げてしまいますが、それを食い止めるためにも美容オイルは有効。また、ファンデーションの密着性を高めるので、メイク崩れもしなくなります。もしベースメイクの仕上がりにツヤがたりなかったら、上からトントンとなじませれば、ツヤ肌に早変わりです。ただし、馬油、ローズヒップオイルは油やけの可能性があるので、昼間は使用しないように。水をはじくためブースター代わりにはなりません。

# オイルは、人肌に温めるとのびがいい

## Step 1

### オイルを取って温める

オイルは、クリームと同様、手のひらを合わせてなじませ、人肌に温めます。手のひらになじませることでつけすぎを防ぐ効果も。

## Step 2

### 手のひらで肌を包む

優しく肌を包み込むようにしながら、人肌に温めたオイルをなじませます。

Recommend Item

美白

油溶性ビタミンC誘導体配合で美白に導く。薬用ホワイトニングスクワラン〈医薬部外品〉30㎖ ¥3000（ハーバー研究所）

保湿

リラックスできる香りが秀逸。アルジェラン モイスト ディープスキンケアオイル 30㎖ ¥1800（カラーズ）

保湿

数滴でうるおいをたたえたハリツヤ肌へ。ダマスクローズ デュー オイル 20㎖ ￥6200（テラクオーレ）

保湿

ビタミンEを含むウチワサボテンオイルなど4種のオイルをぜいたくに配合。エンリッチ オイル 50㎖ ¥4500（トーン）

# Rule 24

## 紫外線は肌を老けさせる元凶。UVケアを正しく行って対策を

ＵＶケア、もう常識ですよね。真夏だけではなく、春も秋も。それこそ一年中欠かしてほしくないのが、ＵＶケアです。

地表に届く紫外線は、おもに紫外線Ａ波と紫外線Ｂ波があります。紫外線Ａ波は波長が長く、肌の真皮層にダメージを与え、シワやたるみの原因に。一方、紫外線Ｂ波は、波長が短く、肌細胞にダメージを与え、シミや日やけの原因に。こうした紫外線による肌ダメージを「光老化」といいます。さらに近年では紫外線以外にも、近赤外線、液晶に使われるブルーライトも光老化の原因になるとされています。

とりわけ紫外線量が多い春〜真夏は、日やけ止めを使った万全の紫外線対策が必要です。紫外線をカットする力は、ＳＰＦやＰＡで表示され、真夏はこの数値が高いアイテムに切り替えたいものですが、それ以上に守ってほしいことが。それは、正しく丁寧に塗ること。ほとんどの方は、使用量がたりません。そして塗り忘れている場所が多いのです。

部屋にいてもガラスを通して紫外線は降り注ぎますから、一日中、ＵＶケアはぬかりなく。つい塗り忘れてしまう方は、スキンケアの最後に使う乳液をＵＶカット効果のあるものに切り替えてみて。わざわざ日やけ止めを塗る必要もないので時短になりますよ。

## 塗り忘れやすいところ、やけやすいところはココ

### 薬指のはらを使って優しく塗る

日やけ止めは、厚めに塗ってこそ効果が出るようにつくられているため、少ない量を薄くのばして塗ると、うっかりやけてしまうことも。顔全体に塗ったあと、やけやすい頬高、おでこに重ね塗りを。

# UV Emulsion

## UVカットと保湿を兼ねる乳液

つけている間、美白もできる。ソフィーナ ボーテ高保湿UV乳液（美白）しっとり［SPF50+・PA++++］〈医薬部外品〉30g ¥3000※価格は編集部調べ（花王）

空気中の有害物質もブロックする効果が。化粧下地としても使えて便利。オバジC マルチプロテクト UV 乳液［SPF50+・PA++++］30㎖ ¥3000（ロート製薬）

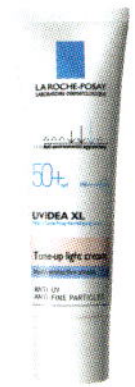


のびやかな質感で肌色をトーンアップ。石けんで落とせるのが◎。UVイデア XL プロテクショントーンアップ［SPF 50+・PA++++］30㎖ ¥3400（ラ ロッシュ ポゼ）

みずみずしい質感の、化粧下地も兼ねる乳液。エリクシール ルフレ バランシング おしろいミルク［SPF50+・PA++++］35g ¥1800※価格は編集部調べ（資生堂）

### 紫外線ダメージはココをチェック

日に当たると角質が蓄積されやすい。あごの下のやわらかさと顔のザラつきを比較することで、紫外線ダメージを判断。

日に当たらない腕の内側で、肌色のチェックを。ここよりも濃い色になっていればやけている証拠です。

Rule 25

# 日を浴びたらまず冷やし、72時間以内に美白ケアを

近年、小さなお子さまにも日やけ止めを塗ることが推奨されるようになりました。それと同様に、40代の女性の方が日やけ止めを塗らずに出かけることは、ほとんどないように思われます。それが紫外線の強い夏なら、なおさらです。

とはいえ、「うっかり日やけ」をしてしまうことも少なくありません。アウトドアやリゾート地で万全を期したつもりでも、やけてしまったら、できるだけ早いアフターケアが大事。もし、ほてりを感じるなら、濡れたタオルなどで炎症を鎮めます。このとき「早く美白美容液を塗らなくちゃ！」と焦るのは禁物。炎症が起きた肌には逆に高濃度の美白成分が刺激になる可能性があるので、まずは必ずほてりを鎮めてください。炎症が治まったらたっぷりと化粧水で保湿をし、それから美白美容液を。ここまで72時間以内が勝負です。なぜならメラニンが肌に定着するまでのタイムリミットだから。この間に、どれだけ適切なケアを重ねるかで、うっかり日やけを「なかったこと」にできるかが決まります。

また、肌が乾燥しているとやけやすくなるので、普段から保湿は念入りに。さらに内側のケアも効果的。私は、リカバリーの意味を込めて、サプリメントなどで美白効果のあるビタミンCを摂るようにしています。

# 日にやけたら、急いで冷やし、美白ケアを

## Step 1

### 炎症があるなら鎮めるのが先

日にやけたときは、まずは炎症を抑えることから。いきなり美白美容液を塗るのではなく、濡れタオルなどで冷やし、ほてりを鎮めて。

## Step 2

### 保湿をしてから美白美容液を

美白ケアは早めが肝心。日を浴びて3日以内だったらダメージをリカバリーできます。化粧水でたっぷり保湿をしてから美白美容液を。

Recommend Item

コウジ酸配合。ONE by KOSE メラノショットホワイト〈医薬部外品〉40㎖ ¥5300※価格は編集部調べ（コーセー）

密着度が高く、狙ったシミを集中ケア。HAKU メラノフォーカスV〈医薬部外品〉45g ¥10000※価格は編集部調べ（資生堂）

1歩先の美白ケアを叶える画期的な1本。エピステーム ホワイトフォトショット〈医薬部外品〉30㎖ ¥9000（ロート製薬）

メラノサイトを集中攻撃。使い続けるうちにシミに手応えが。ホワイトショット SXS〈医薬部外品〉20g ¥12000（ポーラ）

Rule 26

# あごの周りを触りすぎると たるみ、肌トラブルの原因に

**あごは案外目がいくパーツなのに、特別なケアをしていないノーマークゾーン。**皮脂分泌が多い場所だけに、20代の頃、あご周りのニキビに悩まされた人も多いのではないでしょうか。しゃべるときに口元を隠したり、頬杖をついたり、思った以上に触ってしまうのも、あご周り。なのに洗顔もすすぎもおざなりです。すすぎの泡だまりをタオルでグイッとぬぐっていませんか？　ドキッとした方、要注意です。

また、40代はフェイスラインがぼんやりしてくる世代ですが、これは肌のハリが失われるから。ハリをなくしてたるんだ肌が重力に逆らえず、あごの周りに蓄積すると、二重あごが目立つことも。そのたるみを押し上げるべく、テレビを観ながらコロコロローラーであご周りをグリグリ…。その結果、肌の奥にあるコラーゲン繊維がゆるんで余計にたるむ…。そんなケースもあるので、刺激の与えすぎは禁物です。

最近聞いて驚いたのですが、私たちが日常使用するスマホやパソコンのキーボードは、天文学的な数値の雑菌で汚れているそうなんです。それらを操作した手であごを触れば、吹き出物の原因にも。だから私は、あごを極力触りません。もし肌トラブルが出たらマスクをつけて。こうすると素手でむやみに触ることがないので、治りも早くなりますよ。

SEASONAL SKINCARE CALENDAR

# 季節のスキンケア対策カレンダー

四季の変化がわかりやすい日本では、季節に応じた早めの対策で、
肌トラブルを未然に防げるもの。おすすめのプランを紹介します。

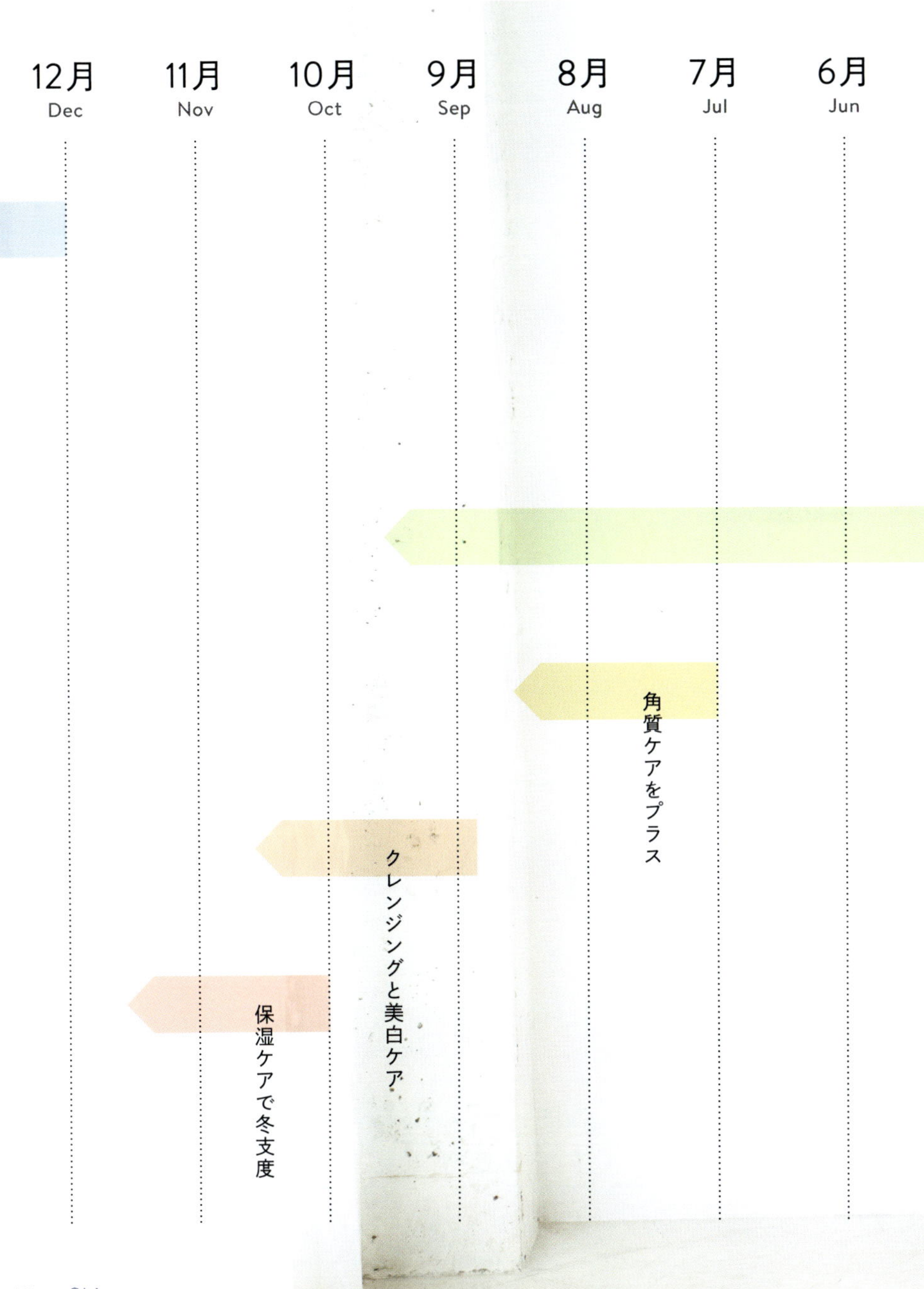

# 先手のケアで美肌を守りましょう

サロンにいらっしゃるお客さまの肌を見て、「少しやけて赤みが出ていますね」と指摘すると、驚かれるんですね。すでに肌トラブルが起きていることに気がついていないのです。繰り返してお伝えしていますが、40代になると代謝が落ち、急激に肌のターンオーバーが衰えます。それは、トラブルに対するリカバリーが簡単ではないことにほかなりません。トラブルを発生させないことがいちばんですが、肌が弱ってくる年代は、それも簡単ではないもの。せめて早めにケアしていただきたいのですが、こうした肌トラブルの始まりは、とても静かな変化でしか表れません。美容に対して熱心で、毎日の肌の変化をつぶさに観察している方ならまだしも、お手入れに満足な時間をとれない忙しい方なら、その小さな変化も見過ごしてしまうことでしょう。

ここで紹介しているカレンダーは、ダメージの蓄積を防ぐための先手の計画表。日本の気候は春夏秋冬と、大きく４つにわかれますが、肌に降りかかるトラブルを未然に防ぐことを考えると6つの対策が現実的です。このカレンダーを目安に、先手先手のケアを心がけてくださいね。

## Feb~Apr
[ 2月末～4月頃 ]

### ゆらぎ肌・乾燥対策

気温の変動が激しいとき。加えて花粉や黄砂などの外的刺激が肌を襲います。こうした刺激は、冬の乾燥で弱りきった肌には大きなダメージに。肌が不安定になるため、肌あれを起こしやすくなるのもこの時季です。デリケートな状態の肌にあれこれ与えると負担になることもあるので、ケアはごくシンプルに。肌の基礎力をつけるためにも、十分な保湿を心がけて。

Care & Item

保湿に重点を。肌摩擦を与えることなく保湿できるP33のようなシートマスクも活用して。

角層内を
たっぷり満たして！

ミノン アミノモイスト ぷるぷるしっとり肌マスク 22mℓ×4包 ¥1200 ※価格は編集部調べ（第一三共ヘルスケア）

## Dec~Feb
[ 12月～2月頃 ]

### 念入りな乾燥対策

スキンケアの要は保湿ですが、この時季の冷え込みと外気の乾燥は、肌のうるおいを奪います。乾燥から肌を守るためにも化粧水は人肌に温めてからたっぷりと。さらにこっくりとしたクリームやオイルでうるおいのヴェールをつくりましょう。スチーマーがある方は、蒸気を当てながらケアすると肌がやわらかくなります。夜は湯船に浸かって巡りをよくしましょう。

Care & Item

高保湿の化粧水、クリームを、しっかりなじませて。P26やP60のつけ方も参考に。

うるおいのフタ、
クリームはマスト！

モイスチャー サージ 72 ハイドレーター 49g ¥6000（クリニーク）

## Jul~Aug
[ 7月～8月頃 ]

### 角質ケアをプラス

気温も湿度も上がる季節は、皮脂分泌が増え、UVケアやメイクも念入りになりがち。そのため、肌の汚れもたまります。また、紫外線を浴びた影響で肌表面の角質が厚くなり、化粧水の浸透が悪くなるのです。毎日の洗顔でクリアな状態に保つことも大切ですが、もし肌のゴワつきや、くすみを感じるなら、角質ケアを。肌がやわらかくなり、透明感がよみがえります。

Care & Item

週に1回は角質ケアで透明感アップ。P21のスペシャルクレンジングも参考に。

保湿を妨げる
余分な角質をオフ!

アンフィネス　ホワイト クレイ ゴマージュ
70g ¥4500（アルビオン）

## Apr~Sep
[ 4月～9月頃 ]

### 紫外線対策強化

紫外線を浴びると増えるメラニンはシミの原因になる一方で、紫外線を吸収して肌を守る役割が。そのため、紫外線に対する耐性ができていない春先の肌は、紫外線の影響をモロに受けます。紫外線は夏がピークと思われがちですが、もっとも降り注ぐのは春。ですから春からの紫外線対策が肝心です。紫外線を必要以上に浴びてしまう前に万全のUVケアできちんと予防を。

Care & Item

日やけ止めはマスト。P66の塗り忘れゾーンもチェックして。

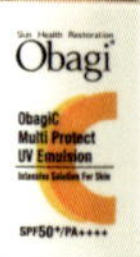


日やけ止めを
スキンケアにプラス

オバジC マルチプロテクトUV乳液［SPF50+・PA++++］30mℓ ¥3000（ロート製薬）

## Oct~Nov
[ 10月〜11月頃 ]

### 保湿ケアで冬支度

気温も湿度もグッと下がり、乾燥しやすくなります。本格的な寒さが到来する前に、これからの過酷な乾燥シーズンに負けないためにも、念入りな保湿ケアで肌の冬支度を。そして薄手のコートを羽織るようになったら、コスメを秋・冬用に切り替えるタイミング。化粧水はしっとり系に、そのうるおいを閉じ込めるフタとなるものも、リッチなクリームやオイルに。

Care & Item

化粧水は「増し増し」にして、クリームもしっかりと。P25、P37の基本もおさらいを。

高保湿タイプのスキンケアにシフト！

フィトチューン ハイドロチューナー 200mℓ ¥5000（コスメデコルテ）

## Aug~Oct
[ 8月末〜10月頃 ]

### クレンジングと美白ケア

夏の暑さがようやく終わりを見せる頃、強化をしたいのが、夏の間にたまった角質を除去するクレンジングと、メラニンを排出するための美白ケア。美白ケアは夏の間も行っていただきたいですが、美白美容液のメリットを効果的に引き出せるのは、紫外線の猛威が少し落ち着いた秋。角質ケアのあとに行えば、美白成分も肌にグングン浸透します。

Care & Item

本格的な美白ケアをプラスして、日やけした肌をクリアに。P69のアイテムも参考に。

有効美白成分配合の美容液をプラス！

ONE by KOSE メラノショットホワイト〈医薬部外品〉40mℓ ¥5300※価格は編集部調べ（コーセー）

# COLUMN

## 朝20分のスキンケアで コスメポーチもこんなにすっきり！

「石井さんの化粧ポーチが見たい！」「どれだけのコスメを持ち歩いているの？」。そんなご要望にお応えして、ポーチをお披露目することもあるのですが、中身の少なさに拍子抜けされることも。少ないんです、私。その日の予定や目的に応じて化粧ポーチの中身は入れ替えますが、特別な用事がない日のスタメンはミニマム。ベースメイクを手軽に直せるクッションファンデ、ツヤをたすハイライト、保湿用のリップエッセンス、定番のヌーディーリップに、唇に血色をたすためのリキッドルージュ、これだけです。「どうしてこんなに少ないの!?」と思われるでしょうが、これこそが私が提唱する「朝20分のスキンケア」の最大の効用。朝のケアに十分な時間をかけることで、日中崩れないベースメイクが完成するから、化粧直しはほとんどしなくてすむんです。荷物も時間も減らせる「朝20分のスキンケア」のよさ、おわかりいただけましたか？

（上から時計回りに）オバジのリップエッセンス、ディオールのクッションファンデ、トーンのクリーム系ハイライト。残りの2本は華やかなベージュ系リップで、ブランドはシャーロットティルブリーとクレ・ド・ポー。

# LESSON 2

## Make up

## メイクまでが
## “素肌”です

# 40代からは肌の欠点を美しくカバーする技術を習得する

20〜30代は、いかに目を大きく見せるか、唇を愛らしく彩るか、といったポイントメイクにばかり気を取られていましたが、これから先は「素材」が勝負。肌をいかに美しく見せるか、そこに注力してメイクを施しましょう。

40代からは、くすみやシワ、シミ、たるみといった欠点が目立ってきます。スキンケアだけでは太刀打ちできないこれらの悩みをカバーするには、メイクの力を借りなければなりません。

鏡の前で慌てないためにもウィークポイントに正面から向き合って、トレンドに左右されることのない、自分を最高に引き立てる定番メイクを準備しておくのが、大人のたしなみ。

お気に入りだったポイントメイクが時代遅れなこともありますし、愛用し続けてきたファンデーションの色みやテクスチャーが、今の肌に合ってないこともあるので、一歩引いて客観視する冷静さも必要です。これまでに培ってきた知識やテクニックにとらわれず、今の自分に合う方法を追求しましょう。

この「レッスン2」では、30代後半〜40代の女性に取り入れてほしいメイクテクニックを盛り込んでいます。今までのやり方とは違うかもしれませんが、美しくメイクアップできる方法ばかりです。もちろん肌色には個人差がありますので、アイシャドウやチーク、リップなどは、おすすめを傾向としてとらえ、自分の肌にしっくりくるものを選んでくださいね。

Rule 27

# ファンデーションは2種用意するのが大人の流儀

あなたはベースメイクを使い分けていますか。ワンシーズンに1種類しか使っていなければ、それは少したりないかもしれません。最低でもオフィシャルな自分を演出する「ON」と、休日などに気軽につけられる「OFF」の、2種類を用意したいもの。

ONは透明感のあるリキッドファンデーションを。ただし、水のようにスルスルのびるものは薄づきであることが多いので、カバー力を確認すること。乾燥しやすい40代の肌を守る、保湿力が高いものを選んでください。OFFはサッと塗れて、40代のくすみがちな肌を明るく演出してくれるものを。肌色がついた日やけ止めや、P95で紹介しているようなCCクリームもおすすめです。

ぜいたくをいえば質感も2種類用意しておきたいですね。夏はツヤや透け感があるもの、冬はセミマットからマットに仕上がるものがすてきです。あれこれファンデーションを用意するのは面倒と思われるかもしれませんが、毎日洋服を着替えるようにファンデーションもONとOFFを使い分け、衣替えをするように季節で質感をスイッチすると、**きちんとした大人の女性の印象を与えます**。TPOに合わせたベースメイクを身につけることは、ある意味マナーのひとつかもしれませんね。

# Foundation

## TPOで使い分けしたいON・OFFファンデーション

[ ON ： きちんとした場所にはリキッドファンデーションを。カバー力はあるけれど、保湿力や透明感の高い、上質なものを選んで。 ]

光をまとったようなツヤが上質な肌を演出。カネボウ フルラディアンスファンデーション［SPF25・PA++］30㎖ 全7色 ¥5500（カネボウインターナショナルDiv.）

さらっと肌になじむ。ルナソル グロウイングウォータリーオイルリクイド［SPF25・PA++／CLのみSPF18・PA++］30㎖ 全5色 ¥5000（カネボウ化粧品）

ごく薄づきでありながら、毛穴の凹凸や色ムラもきちんとカバー。リテクスチャリング ファウンデイション［SPF25・PA++］25㎖ 全6色 ¥4500（イプサ）

肌に密着。SHISEIDOシンクロスキン グロー ルミナイジング フリュイド ファンデーション［SPF20・PA++］30㎖ 全6色 ¥5000（資生堂インターナショナル）

[ OFF ： 肌色補整できる、軽くて素肌感のあるものを。石けんで落ちるものも多いので「ちょっとそこまで」にも向きます。 ]

内側から発光するような透明感が。サエル ホワイト CCクリーム コンセントレート［SPF50+・PA++++］25g ¥4500（ディセンシア）

ライトベージュの色つきの多機能日やけ止め。UVパーフェクト FFクリームプラチナム［SPF50・PA++++］30g ¥5000（FTC）

美しい素肌のような仕上がりに。ナチュラグラッセ メイクアップクリーム［SPF44・PA+++］30g 全2色 ¥2800（ネイチャーズウェイ）

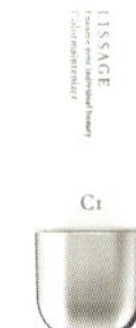


1本で美容液・化粧下地・ファンデを兼ねる。リサージ カラーメインテナイザー［SPF30・PA++ほか］30g 全14種 ¥4500（カネボウ化粧品）

Rule 28

# ファンデーションの色は首で合わせず少し暗めのトーンを選択

ファンデーションの色選びにおいて40代の方に多い失敗は、白浮きするような明るい色を選んでしまうこと。これは肌がくすんでくるので、今まで使っていた色が合わなくなることで起こります。**「求めている肌色」と「持ち合わせている肌色」は違うもの。**下地やお粉で明るくできるので、**「ちょっと暗いかな」と思う程度が、ちょうどいい**のです。

また、白浮きとは逆に顔色だけが沈んでしまうこともあります。これは、新しいファンデーションを選ぶ際に起こりがちな失敗ですが、原因は首の色に合わせているから。40代の首元は案外やけているくすみゾーンであるため、そこにファンデーションの色みを合わせてしまうと、今度は顔が暗く見えてしまいます。季節でも肌色は変わるので、ファンデーションを購入する際は色みの確認を。

私は、新しいファンデーションを、その日に即買いすることはほとんどありません。のびやフィット感を十分吟味し、納得のいくファンデーションに出合えたら、ようやく色選びに入ります。コスメカウンターで自分の肌に合いそうな2色を左右の頬に塗ってもらったら、そこから離れて自然光、蛍光灯、白熱灯と、さまざまな光の下で色映えを確認。そこまで手間をかけて運命の一色を探し出しています。

Rule 29

# 下地やファンデーションは「スタンプ押し」でムラ知らず

運命のファンデーションを生かすも殺すも「塗り方」ひとつです。適量を肌にのせ、薄くのばしていきますが、これはプロでも難しいワザ。のばすうちに乾いてムラづきになることがほとんどです。また、使用説明書には、両頬、額、鼻、あごの5点置きの方法が書いてありますが、ほとんどの方は、塗り広げるときに指に力を入れてしまうため、肌摩擦の原因にもなります。本来は指のはらで優しくなでるような力で十分なのですが、感覚として伝わりにくいですよね。

そこで私が推奨しているのが、「スタンプ押し」です。手のひらでファンデーションをつけ、そのあとスポンジではたいて薄く塗り広げるだけ。はたくことで密着度が高まり、崩れにくくなるだけでなく、余分な油分はスポンジに吸収されるため、そのあとにのせるお粉やチークもムラづきになることがありません。

メリハリを出すためには、中央のTゾーンや頬の下のトライアングルゾーンは厚めに重ね、外側に向かって薄くなるように広げます。顔の中央にしかファンデーションを塗らない方もいますが、くすみが多い40代にとってそれは危険な行為。疲れて見える原因になるので、生え際やまぶたの上まで手を抜くことなく塗り広げてください。

# ファンデをムラなく塗れる「スタンプ押し」

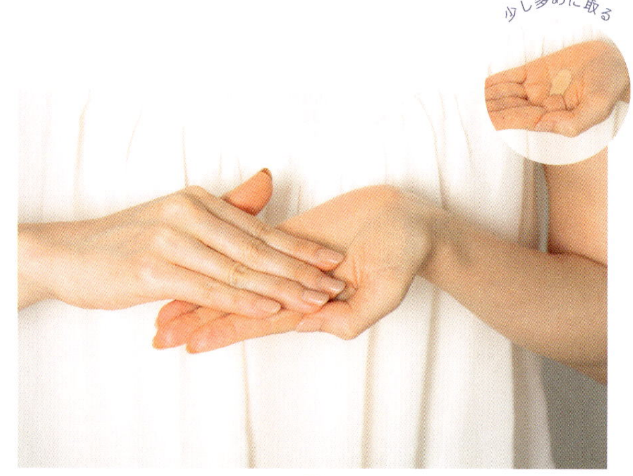


## Step 1

### ファンデを<br>少し多めに取る

基本は肌に密着するリキッドファンデーションを使います。規定量の1.1～1.2倍を手に取り、手のひらを合わせてなじませます。

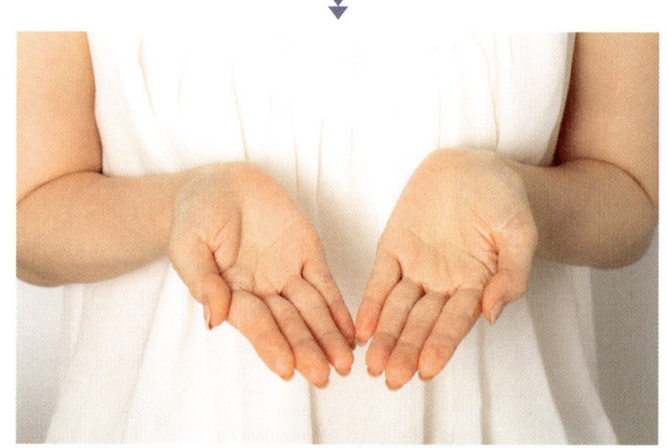

## Step 2

### 手のひらに<br>薄く広げる

手のひらを合わせて人肌に温めつつ、全体に広げます。少しもったいない気もしますが、これがムラづきを防ぐカギ。

## Step 3

### まずは手のひらで<br>スタンプ押し

手のひらでスタンプを押すようにして、顔全体にファンデをのせて。このあとスポンジではたいてのばすので、多少ムラになってもOK。

# How to Base Make

## Step 4

### 顔の中央に厚めにのせる

ツヤを強調したいTゾーン、トライアングルゾーンは厚めに。それ以外は薄くのせるのが、メリハリのあるツヤ肌に仕上げるポイント。

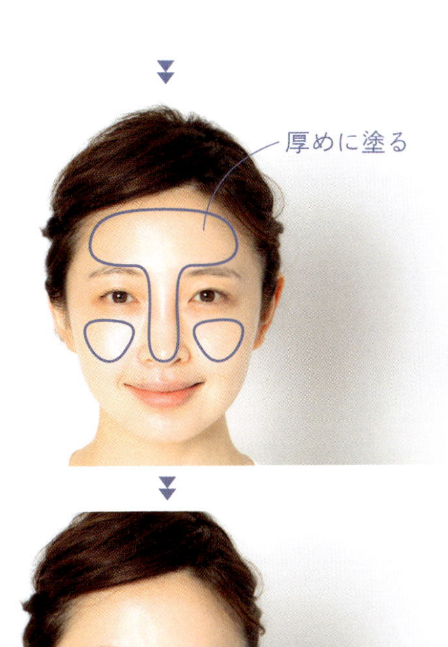


## Step 5

### スポンジではたいてのばす

スポンジで軽くはたきながら、薄く薄くファンデをのばします。余分な油分はスポンジが吸い取るから、ピタッと密着します。

## Step 6

### ほうれい線は指でリタッチ

ほうれい線にファンデがたまったら、溝に指のはらを当て、半回転させてなじませます。細部まで塗るのが大人のルールです。

Rule 30

# シミ、クマ、シワの老けサインにはコンシーラーを味方につける

軽いシミやそばかすならファンデーションだけでも十分隠れますが、頬のシミ、目の下のクマ、深くなるシワは、それだけでは太刀打ちできません。欠点が目立つ40代こそ、コンシーラーは必須アイテムです。

でも「コンシーラーは、部分的に厚塗りになってヨレてしまう」と、敬遠している方、多いですよね？　私も以前は厚塗り感が出るから極力使用を控えていました。それもそのはず、昔のコンシーラーは表情も動かせないほどガチガチに密着するため、使いこなすことが難しいプロユースのアイテムでした。ところが近年のコンシーラーのテクスチャーは飛躍的に進化。顔全部に塗ってもいいほど軽やかで、薄く均一にのび広がるため、厚塗りになることがありません。

ただし、コンシーラーにも選び方と使い方のコツが。表情が動かない頬骨の上あたりには質感がかためのものを、よく動くほうれい線のような場所には肌に密着してのび縮みする柔軟性があるものを選びましょう。

塗り方もファンデーションの上から押し込むのではなく、ミルフィーユのように、うすーく、うすーく重ねて。そして欠点部分との境目をぼかすようにトントンとスポンジや指でなじませれば、隠したことを忘れてしまうくらい美しく仕上がります。

# Concealer

## 隠したい欠点に合わせて選ぶ、コンシーラー

[ シミ ファンデから浮かない、肌と似たような色か、ワントーン暗い色を。なじませたら境目を指でぼかして。 ]

ツヤがあって肌にぴたりと留まる。ピンポイトでなじませて。タンイドル ウルトラ ウェア コンシーラー 全4色 ¥4200（ランコム）

ホワイトクレイが皮脂を吸着するから崩れません。ベアプロ フル カバレッジ コンシーラー 全5色 ¥3600（ベアミネラル）

汗や水にも強く、つけたての美しさが持続する。ビヨンド パーフェクティング スーパー コンシーラー 全4色 ¥2800（クリニーク）

[ クマ 目の下に現れる青や茶色のクマには、血色を上げるオレンジ系を。ヘルシーな印象にたちまち早変わり。 ]

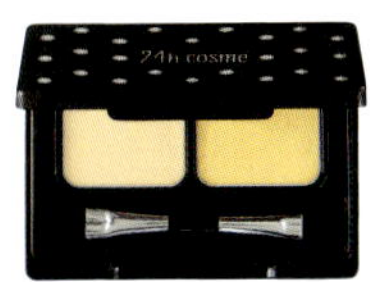

濃淡の2色セット。クマに合わせてブレンドしても。24ミネラルUVコンシーラー［SPF50+・PA++++］¥3400（24h cosme）

幅広い肌悩みに対応できる4色セット。フラーレン高配合でエイジングケアも。UV FFコンシーラー［SPF24・PA++］¥5500（FTC）

健康的な血色感をオレンジで出してからイエローで明るさをプラス。アンダーアイブライトナー ¥3000（ケサランパサラン）

[ ほうれい線 動きの多い場所なので、柔軟性の高いリキッドを。ワントーン明るいもので溝の影を飛ばします。 ]

シワ感までも払拭。フローレスフュージョン ウルトラ ロングウェア コンシーラー 全6色 ¥3200（ローラ メルシエ ジャパン）

のびがよく、溝に密着。030のピーチはくすみを払う効果が。フォトレディカラーコレクティング ペン 全3色 ¥1500（レブロン）

なめらかに密着。光を拡散してシワの部分を長時間カバー。NARS ラディアントクリーミーコンシーラー 全11色 ¥3400（NARS JAPAN）

Rule 31

# 毛穴の開きは保湿力の高いパウダーファンデで埋めて隠す

毛穴の開きは、軽い質感のサラサラなリキッドファンデーションだけではカバーできません。そこでプラスアルファのアイテムとして活用したいのが、パウダーファンデーションです。

パウダーファンデーションは、粉そのものに肌の油分を吸い取る性質があるので、従来は肌の乾燥を招く印象がありました。リキッドファンデーションのように指先を汚さないため扱いやすいのですが、夕方になるとパサついたり、浮いてしまったりするため、40代の方が使用すると老け感が目立つことも。ところが、近年の技術進化は目覚ましいもので、パウダーでありながらリキッドのようなしっとりした質感のパウダーファンデが続々登場。エマルジョン（乳液）のようにとろける質感のものも多く、これが毛穴をカバーするのに最適なのです。

顔にひと通りリキッドファンデーションを塗ったら、パウダーファンデーションの出番。パフにトントンと取ったら、毛穴が目立つ部分を中心に、トントンとたたいてなじませます。肌にのせるとしっとりなじみ、毛穴の開きをパテのように埋めて瞬時に隠してしまいます。ただし塗る際は、肌摩擦に注意を。パフでぐいぐい肌を引っぱるようにして塗るのは厳禁。一にも二にも「こすらないこと」が鉄則です。

# 毛穴の開きはパウダーファンデで埋め込む

取る量は少しでOK

## Step 1

### パウダーをパフに トントンと取る

スポンジの角を、人さし指で押さえるようにして持ちます。表面をスポンジでトントンとたたいてファンデーションを取ります。

## Step 2

### 毛穴の開きを たたいて埋め込む

毛穴が気になる部分を埋め込む気持ちで、①のスポンジをトントンとはたきます。スポンジを引っぱって肌をこすらないようにして。

Recommend Item

豊富なミネラルが、素肌風の仕上がりを実現。ベアプロ パウダーファンデーション [SPF15・PA++] 全10色 ¥4200（ベアミネラル）

つけているのを忘れるほど軽やか。イーブン ベター パウダー メークアップ ウォーター ヴェール 27 [SPF27・PA++] ¥6000（クリニーク）

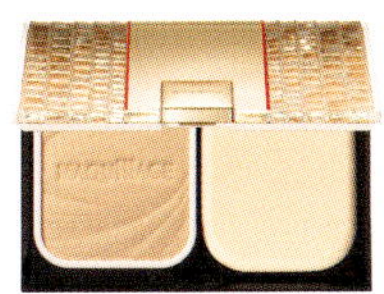

ふんわりムースのよう。マキアージュ ドラマティックパウダリーUV [SPF25・PA+++] 全7色 ¥4000 ※価格は編集部調べ（資生堂）

 ※ファンデーションはいずれもケース込の価格です。

Rule 32

# 血色を底上げする
# ピンクの化粧下地はマストアイテム

化粧下地を使っていますか？　下地には、肌色を理想の色に近づける「色補整」と、ファンデーションの密着性を高めて「崩れを防止する」という、２つの役割があります。とりわけ肌色がくすみ、乾燥しやすい**40代にとって下地はマストアイテム。**下地をひとつ加えるだけで、肌は**パッと明るくなり、ツヤが出ます。**崩れにくくなるので、夕方になっても疲れた顔になりません。それに、ファンデーション1個で顔色をコントロールしようとすると厚塗りになって、結果的に老けた印象を与えてしまいます。だれもが求める「素肌感」や「ツヤ肌」も下地なしでは成しえないといえるでしょう。

下地にはさまざまな色がありますが、40代が選ぶべき色は「ピンク系」。血色がさえない肌も、くすんだ目周りも、ピンクの下地が明るく華やかに仕上げます。

下地はファンデーションの前に塗りますが、この方法はファンデーションとほぼ同じです。手のひらになじませて、体温でとろけさせたら、「スタンプ押し」で顔全体にのばします。くすみが気になる目周りはやや濃くなるよう重ねたら、スポンジを使って、外側に向かってうすーく、うすーくのばしてください。

# 美しさに差がつく下地の塗り方

## Step 1

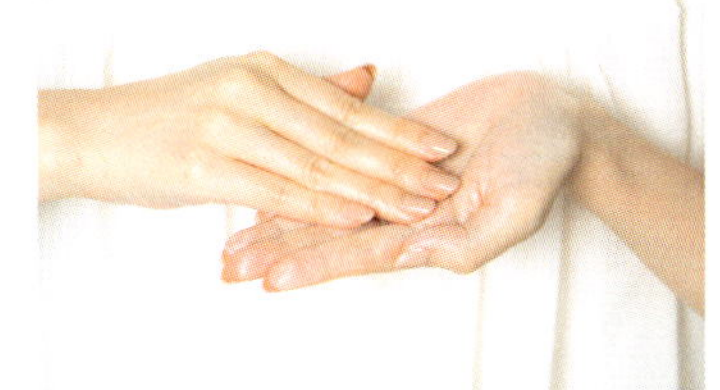

### 下地を少し多めに取る

基本はリキッドファンデの塗り方と同じです。規定量の1.1～1.2倍くらいを手に取り、手のひらを合わせてなじませます。

## Step 2

### 手のひらでスタンプ押し

下地をつけた手のひらでスタンプを押すようにして、顔全体に塗り広げます。

## Step 3

### ツヤを出したいところは厚めに

ツヤを出したいおでこ、頬高の部分は厚めに塗るとメリハリのあるツヤ肌に。

## Step 4

### スポンジを使ってのばす

スポンジで軽くはたきながら、薄く薄く下地をのばします。中央だけでなくすみずみまで塗ることで、ファンデも鮮やかに発色します。

## Step 5

### くすみが強い部分は重ね塗り

目の下などくすみが目立つ部分は、重ね塗りを。くすみやすいまぶたも忘れずに。

### Recommend Item

高機能下地。コフレドール グラン カバーフィットベースUV［SPF29・PA++］25g ¥3000※価格は編集部調べ（カネボウ化粧品）

軽やかなジェルが毛穴の凹凸までもカバー。ベーシック コントロールカラー N 01［SPF10・PA+］30g ¥3500（RMK Division）

Rule 33

# BB、CC、クッションの違いを知れば時短で好みのベースメイクが叶う

ベースメイクは、手間をかけたほうが美しく仕上がるのはわかっていても、忙しいとつい時短アイテムに頼りたくなりますよね。そんなとき、真っ先に思い浮かべるのが、オールインワンファンデーション、いわゆるBBクリームやCCクリームです。

BBクリームは、下地、ファンデ、仕上げまでひとつですむベースメイク。カバー力が高いので、しっかりメイクをしたいONの日に向きます。一方、CCクリームは、肌色補整効果が高いファンデーション。下地、ファンデ、仕上げまでひとつですみますが、BBよりもやや薄づきのため、OFFの日のメイクに向いています。

カバー力が優秀なBBクリームですが、質感が重たく感じる方は、ほぼ同じ機能を持つクッションファンデもおすすめです。美容成分を含んだファンデーションが、肌をしっとり包み込んで肌の乾燥を防ぎます。もともとクッションファンデは、日本よりも空気が乾燥している韓国発祥のコスメで、保湿力に長けているのが特徴。メイクのリタッチにも便利です。日中、カバー力やうるおいがたりないと感じたときは、クッションファンデをポンポンとたたけば、つけたての美しさが復活。ひとつ用意しておくと便利なアイテムです。

# all in one Faundation

## 目的で選びたいオールインワンファンデ

### BBクリーム

スキンケアのあと、たった1本でベースメイクが完成する時短アイテム。カバー力が優秀。

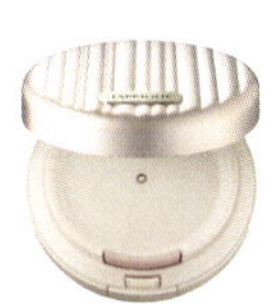

中央からファンデが出てくる仕組み。エスプリークリキッドコンパクトBB［SPF25・PA+++］全3色 ¥4000※価格は編集部調べ（コーセー）

UVカット効果が高く、時間がたってもくすまない。BBクリーム ホワイト377プラス［SPF50+・PA++++］30g ¥3800（ドクターシーラボ）

みずみずしく、なめらかな塗り心地。手軽にツヤ肌へ。アスタリフトBBクリーム［SPF50+・PA++++］30g 全2色 ¥4200（富士フイルム）

### CC

軽やかにのび広がり、肌色悩みをカバー。ファンデーションまで塗りたくないけど肌色をきれいに保ちたい日に。

薄づきなのにヨレにくい。米肌 澄肌ホワイトCCクリーム［SPF50+・PA++++］30㎖ 全2色 ¥3500（コーセープロビジョン）

バーム状のトーンアップクリーム。なめらかにのびて自然に色づく。24ミネラルCCバーム［SPF35・PA+++］¥1800（24h cosme）

### クッション

クッション（スポンジ）にファンデーションをしみ込ませたもの。みずみずしくリタッチもしやすい。

厚塗りとは無縁の、フラットな仕上がりに。ミシャ M クッション ファンデーション（プロカバー）［SPF50+・PA+++］全2色 ¥1500（ミシャジャパン）

みずみずしくカバー力のあるファンデが長時間毛穴をカバー。タン イドル ウルトラ クッションコンパクト［SPF23・PA++］全5色 ¥6500（ランコム）

※クッションファンデは、ケース・スポンジ込みの価格です。

## Rule 34

# フィックスミストのひと手間でベースメイクは劇的に崩れなくなる

フィックスミストってご存じですか。これは簡単にいうと、メイクの密着性を高めるスプレー。**メイク崩れを防ぐ、なくてはならないアイテム**で、私はメイクの仕上げに必ず使います。

保湿成分をたっぷり含んだミストをスプレーすることで、ツヤツヤのヴェールを形成してメイクを定着させます。つけたあと、手でパタパタとあおいで余分な水分を飛ばせば、耐久性の高いベースメイクの完成です。うるおいでつるんとした仕上がりになるばかりか、崩れにくくなるので、メイク直しも劇的に減ります。崩れないために耐久性のあるファンデーションを厚塗りするくらいなら、フィックスミストを1本用意したほうがメイクの仕上がりは断然きれいです。

乾燥シーズンは、肌からどんどん水分が蒸散してファンデーションが崩れやすくなりますが、そんなときも、このフィックスミストが活躍。メイクの上からシュッとひとふきするだけで、乾燥による粉浮きやムラを防いで、ツヤ肌を復活させます。

1本あるだけでメイクの仕上がりと「持ち」を格段とアップさせるフィックスミスト、40代は持っていて損はなし、ですよ。

## フィックスミストで崩れない肌をつくる

### Step 1

**フィックスミストを<br>スプレーする**

ベースメイクを密着させるミストを、20㎝離したところから10回スプレー。このひと手間でメイクの持ちが飛躍的に高まります。

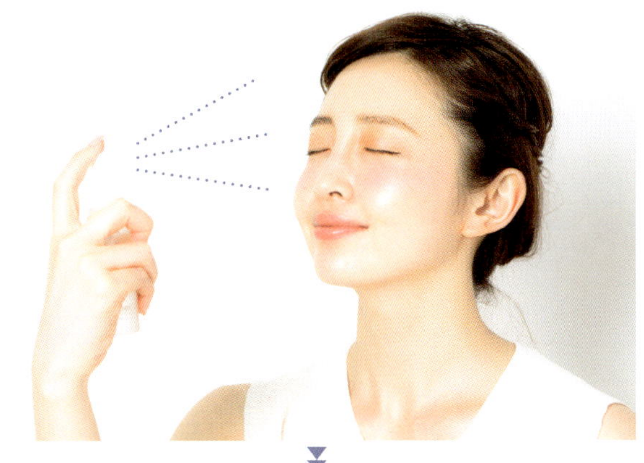

### Step 2

**手であおいで<br>軽く乾かす**

粉感がなくなるまで、軽く乾かします。ミストの水分がファンデーションのパウダーを抱え込んで一体化。長時間崩れにくいメイクに。

Recommend Item

ネロリ、カシス、シトラスの3種の香りがあるので、その日の気分で選んでも。グローミスト 全3種 50㎖ ¥2500（RMK Division）

うるおいのヴェールをつくり、外的刺激からも肌を守る。ルナソル フィックス＆セットエアリーミスト 50㎖ ¥2200（カネボウ化粧品）

Rule 35

# 肌の乾燥が進む40代には必ずしも「お粉」は必要ありません

宣言します！　肌が乾きやすくなる40代は「お粉」、つまりフェイスパウダーはマストアイテムではありません。

リキッドファンデーションのあとに、崩れ防止のため「お粉」をつけるのが常識でしたが、40代で乾燥肌の方なら、この手順を省いてしまってもかまいません。乾燥する秋から春のシーズンならなおさらです。

リキッドファンデーションの仕上げに、サッとひとはけすることで、輝きや透明感、立体感をもたらす「お粉」は、ファンデーションを塗った直後の肌をサラッとした手触りに仕上げてくれる役割があります。ところがこの「お粉」の形状は粉体。つまり油を吸い取る力があります。長時間つけているうちに、油を吸い取って肌の乾燥を招き、メイク崩れの原因になることも。40代ともなると皮脂分泌が減りますから、必ずしもお粉を使う必要はないと、私は考えます。

夏場、肌をサラッと保ちたいなら「お粉」を使ってもかまいませんが、エアコンの影響で思った以上に乾燥するため、一日中室内にいる場合は不要です。もし、塗った直後のベタつきが不快なら、皮脂の多い部分だけに薄くポンポンとはたくか、髪の毛が触れるフェイスラインや額のみにつけましょう。

Rule 36

# アイブロウは
# アップデートしないと老け顔に

90年代は「細眉」ブームでした。その頃のクセが抜けないのか、40代の方に意外と多いのは、眉山がキュッと上がった、鋭角な眉毛です。年々体形が変わるように、私たちの顔の骨格は変わり、眉を描くべきラインも違ってくるはずなのに、20年前と同じセオリーで眉毛を描いているからでしょうか。太さこそ90年代の「細眉」ではありませんが、眉頭～眉山～眉尻の角度は同じラインで描かれている方が少なくありません。時代遅れというよりも、年齢にそぐわない眉から卒業するためにも、40代に似合うアイブロウの描き方をマスターしましょう。

顔がやせ、骨格があらわになる40代は、表情と連動する眉が骨格からずれた位置にあると、それが悪目立ちします。ですから、アイブロウの描き始めは、加齢で変わった骨格の位置を正確に把握することが大切です。

そして、目が小さくなり顔の余白が増えてくるので、眉に存在感を持たせる意味からも、若い頃よりほんの少し長く、太く描くこと。とくにまぶたの幅が広いと老けた印象になるので、眉下を太めに描きたすのが最大のポイントです。詳しいテクニック、40代が似合う眉については次のページの解説を参照に。眉は顔の印象を左右する要となるパーツです。皆さんの骨格に合ったベストなアイブロウを見つけてくださいね。

# 大人が似合うアイブロウは太め＆長め

## Step 1

### ビックリ顔で眉山を探す

眉山と骨格を一致させます。ビックリ顔をして、眉を動かす筋肉（眉丘筋）を見つけ、アイブロウペンシルで印をつけます。

## Step 2

### 眉尻を見つけ、眉山をつなげる

40代からは眉尻は長めに。口角ではなく小鼻と目尻の延長線上に眉尻をとり、ペンシルで印をつけ、①の眉山とつなげます。

## Step 3

### にっこり笑いながら眉の上を埋める

小鼻の真上の延長線上にある眉頭と、①の眉山とをつなげます。にっこり笑いながら一本一本描きたすと、なだらかで優しい印象に。

## Step 4

### 眉下を1本ずつ書きたして埋める

まぶたが下がって目が小さくなる分、目を開けたとき、瞳とまぶたの幅が1対1になるくらい、少し太めになるよう眉下を描きたして。

## Step 5

### パウダーで輪郭をぼかす

眉の隙間をアイブロウパウダーでぼかしながら埋めます。眉上は明るめ、眉下は暗め、中央は濃淡ミックスした色で埋めると立体感が。

## Step 6

### スクリューブラシで整える

毛流れをスクリューブラシで整えます。眉尻までブラシをかけるとラインがぼやけてしまうので、眉頭〜眉中央だけでOK。

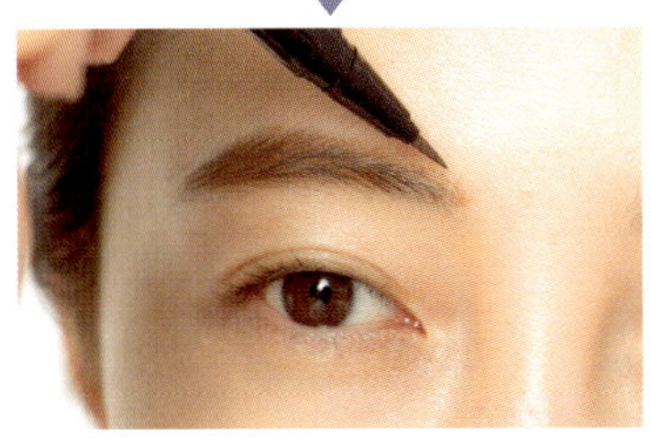

## Step 7

### 眉頭にはリキッドを

眉頭は、ブラウン系のリキッドアイブロウで引き立たせます。眉頭を強く描くと凛々しくなりすぎるので、自然に埋める感じで。

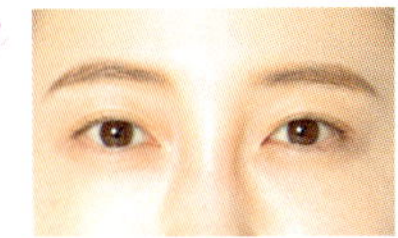

Before

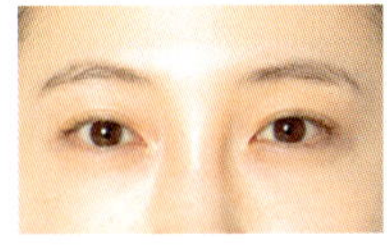

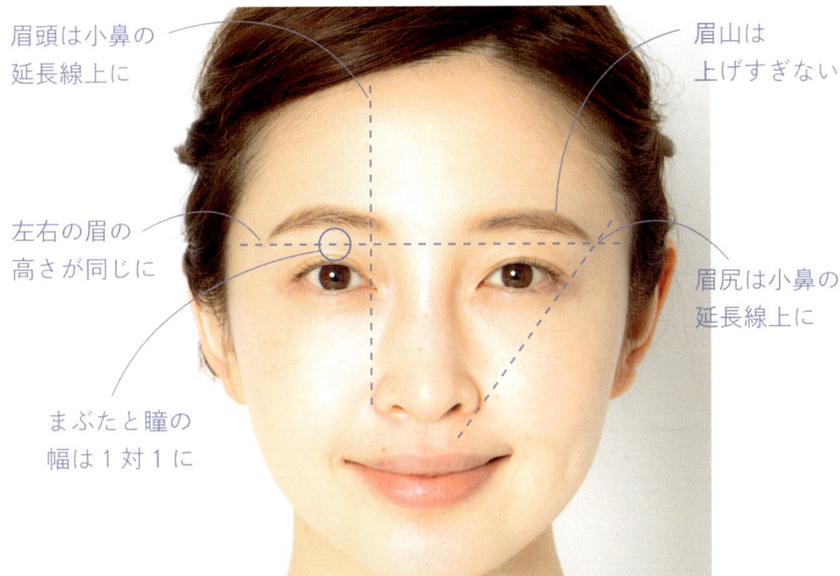

Recommend Item

# Eyebrow

## アイブロウ3種使いで、完璧な眉に

### アイブロウペンシル

ぼかし&ラインが1本で自由自在。ケイト ラスティングデザインアイブロウW N（SL）BR-3 ¥1100 ※価格は編集部調べ（カネボウ化粧品）

### アイブロウペンシル

0.9㎜の超極細ペンシルのナチュラルブラウンは、眉尻・眉頭の微調整に便利。超細芯アイブロウ 03 ¥500（セザンヌ化粧品）

### リキッドアイブロウ

にじまず長時間消えない眉毛が完成。ヘビーローテーション ティントリキッドアイブロウ02 ¥1100（KISS ME／伊勢半）

### アイブロウパウダー

しっとりしたキメ細かなパウダーが、なめらかに密着。コントゥアリング パウダーアイブロウBR302 ¥4500（コスメデコルテ）

### アイブロウパウダー

力強さとやわらかさを兼ね備えた絶妙カラー。インディケイト アイブロウパウダー 全5種 ¥3500（セルヴォーク）

Rule

# 37

## ノーズシャドウを入れると メリハリが生まれ、印象的な目元に

眉が描けたら、眉頭からつなげるようにして、鼻の脇に「隠しノーズシャドウ」を入れましょう。これを入れるだけで鼻梁（びりょう）が高く見え、顔立ちが一気に整いますよ。40代からは目が小さくなり、ぼんやりとした印象になりますが、メリハリをつけることで目元がハッとするほど印象的になります。

使うのは肌色に溶け込むくらいの淡いブラウンのアイシャドウ。これをブラシに取り、眉頭から鼻の脇に向かってスーッと入れるだけ。

P114で紹介しているように鼻筋にハイライトを入れる方法でもメリハリは出せますが「影」となるノーズシャドウを入れるほうが、ワンランク上の顔立ちに仕上がり、断然きれいです。

**ノーズシャドウの入れ方**

眉頭から鼻の脇に向かって、ごく薄いブラウンのアイシャドウを。あとから加えるハイライトと相まって立体感が強調されます。

Rule

38

# 濃いブラウン系のアイシャドウは目元を暗くする危険な色

顔のなかでも、くすんで見えるのは、皮膚が薄い目元。さらに目をこすって色素沈着を起こしたり、加齢による骨格の変化で目が落ちくぼんだりすると、影の影響でくすんで見えます。

瞳を大きく見せる代表的なアイカラーはブラウン系ですが、ただでさえくすんでくる40代の目元にブラウン系は危険です。アクセントとして使うのはまだしも、メインの彩りとして使うのは避けてください。

おすすめは、ピンクベージュ系の明るい色です。膨張色の効果で目元がふっくら明るく見えます。くすみが強い方は、思いきって赤みブラウンや肌色になじむオレンジ系にすると、華やかな印象になりますよ。目元がはれぼったく見えそう…と心配になりますが、アイラインで引き締めるので問題ありません。

また、これはくすみを目立たせないための基本ですが、アイホールまでファンデーションを塗るようにしてください。「あとでアイカラーを塗るから」とファンデーションを省いている方がいらっしゃいますが、色補整をしなければ、せっかくのアイカラーも美しく発色しません。「スタンプ押し」でスポンジに残ったファンデーションをアイホールにポンポン塗るだけで、くすみはだいぶ改善されます。

# Rule 39

# 下まぶたメイクひとつで
# ふっくら印象的な目元に

「年齢とともに顔が伸びてきます」と聞くと驚いてしまいますよね？　でも本当です。これは、こめかみがやせ、頬がこけ、目が小さくなってくるのが原因。加齢とともに顔が縦に間のびしたようになるんです。

広く見えてしまう頬をコンパクトに見せるためには、下まぶたメイクが有効。下まぶたにきちんとアイメイクを施してあげると、目の縦幅が出るので、顔がこぢんまりして若々しく見えるんです。

20代や30代は、上まぶたにブラウン系のアイシャドウを重ね、いかに目が大きく見えるかグラデーションづくりに夢中になっていましたが、40代の上まぶたは引き算で。その分、下まぶたメイクをしっかりとつくってあげたほうが、印象的な目元になります。

下まぶたにおすすめの色は、肌の色よりワントーン明るい赤みのあるピンクベージュ系の色。肌に自然になじむオレンジやピンクもいいですね。チップや細めのブラシにアイシャドウを取り、目頭から目尻に向かって、軽く置くようにして色をのせていきます。アイシャドウで下まぶたにツヤをたすと涙袋がふっくらとして、やわらかく、優しげな表情になります。

## 目元をふっくら明るく演出するアイシャドウ

### Step 1

**アイホールを明るく彩る**

中太のブラシをワイパーのように左右に振り、アイホール全体にピンクベージュ系の色をのせます。

### Step 2

**指で自然になじませる**

指のはらでトントンと軽くたたいて、①で塗ったアイシャドウを自然になじませます。

### Step 3

**アイホール中央に明るい色を**

微細パールが入ったピンク系を指に取り、まぶたの中央に。明るい色をのせることで、まぶたがふっくらしたように見えます。

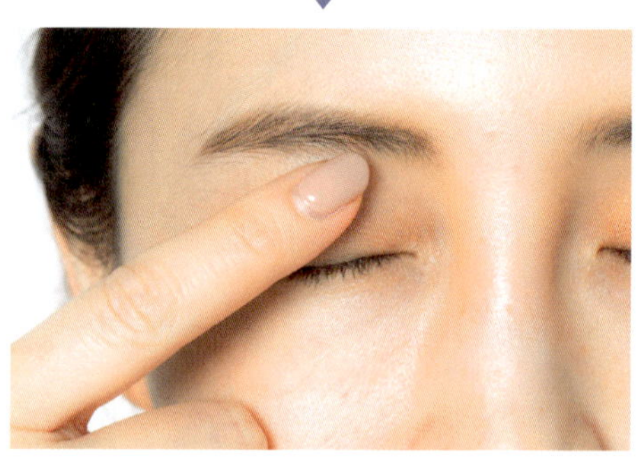

こんなにふっくら！

向かって左のまぶたの中央にパール系の色を入れました。右と比べると、立体感が出てふっくら。40代は光を味方に！

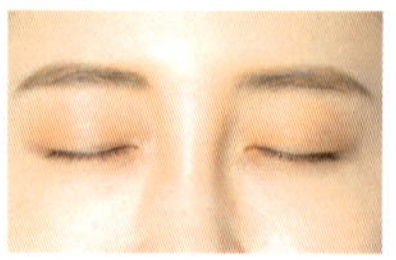

How to Eye shadow

## Step 4

### 下まぶたにもアイシャドウを

①と同じ色をチップに取り、下まぶたの目頭〜目尻に入れると、涙袋ができてふっくら。目尻のくすみもカバーできます。

## Step 5

### 目尻から1／3に隠しラインを

目尻から1／3のWライン（二重の筋のところ）にアイライナーを入れると、加齢で垂れてくる目尻がくっきりして印象的な目元に。

Recommend Item

落ちくぼみがちなまぶたをふっくら見せる、ベージュ系が勢ぞろい。コントゥアリング アイシャドウ012 ¥5500（コスメデコルテ）

凹凸が目立ってくるまぶたにも密着。マキアージュ ドラマティックスタイリングアイズD BR613 ¥2800※価格は編集部調べ（資生堂）

# Rule 40

## 強さを追求するアイラインはもう卒業。黒×茶の2色使いでメリハリ目元に

まぶたが重く、エッジがぼんやりしてくる目元をキリリと引き締めるアイライナーはマストアイテム。ところが、黒のアイライナーだけで太めのラインを引いてしまうと、実年齢にそぐわない若づくりで痛々しい印象になったり、くっきりしすぎて逆につぶらな瞳に見えたりすることも。そこでおすすめは、黒と茶のアイライナーのW使いです。

まずは、黒のアイライナーを使います。上を向いて、まぶたを指でしっかり引っぱり、ターゲットである目のキワをはっきりさせます。そして、まばらになったまつ毛の間を埋めるように黒のライナーで点を打ちます。このとき、意識してほしいのはラインを引くのではなく、まつ毛の隙間を点置きで埋めること。たるんできた40代のまぶたに一筆書きのようなラインを描くことは難しいため、この「点置き」が有効なのです。

黒のアイライナーで目頭から目尻のまつ毛の隙間を埋めたら、次はややオーバー気味にブラウンのアイライナーを重ねます。ブラウンのアイライナーは、線を引くようにペン先をスライドさせてもかまいません。点置きした黒のラインの上に茶色を重ねると、目に深みと奥行き感が。黒単色でつくるよりも優しい印象なので、ラインだけが悪目立ちせず、明るめのアイシャドウも引き立ちます。

# Eye liner

## 瞳をくっきりさせるアイライナー

[ 黒のアイライナー ] 瞳をくっきり見せる黒。まつ毛の隙間に「打つ」ので、ペン先は細くてコシのあるものを選んで。

ぺんてる社と共同開発。描きやすさは抜群。ケイト スーパーシャープライナーEX BK-1 ¥1100※価格は編集部調べ（カネボウ化粧品）

コシのあるブラシでプロ並みのラインに。カリグラフィック アイライナー（カートリッジ）ブラック¥1800（シュウウエムラ）

[ 茶のアイライナー ] 明るすぎず、暗すぎずのベーシックなトーンを。目元に優しい、なめらかに描けるものを選んで。

濃い茶が目元を引き締める。ルナソル スタイリングジェル アイライナー 02 ¥3000 ※ホルダーとのセット価格（カネボウ化粧品）

ちょいたしラインで大きな目元を演出。ケイト ダブルラインエキスパート LB-1 ¥850※価格は編集部調べ（カネボウ化粧品）

ぶれることなく理想のラインに。ヴィセ リシェ カラーインパクト リキッドライナーBR340 ¥1000 ※価格は編集部調べ（コーセー）

# 目元を自然に引き締めるアイライン

## Step 1

### 黒のライナーでまつ毛を埋める

黒のアイライナーは、まつ毛の隙間を埋めるように「点」を打ちます。上を向いてまぶたを引き上げると、狙ったところに打ちやすい。

## Step 2

### ブラウンをオーバー気味に

①で引いたラインの上に、少しオーバー気味になるよう、ブラウンのアイライナーを重ねて、なめらかな線になるよう補修します。

**二重幅に合わせて線を太く**

加齢で二重幅が広くなったところは太めに入れると、目元がはっきりします。瞳がアーモンド形に見えるよう、太さを調整して。

## Step 3

### 下まぶたは目尻側にラインを

下まつ毛が少なくなっている方は、目尻から1／3のまつ毛の隙間を埋めるようにしてブラウンのペンシルを。こちらも点を打つように

## Step 4

### 横顔も確認して目尻を描きたす

鏡で確認しながらブラウンのリキッドアイライナーで、1〜2㎜ほど長めに目尻を描きたします。お尻は跳ね上げず、スッと引くときれい。

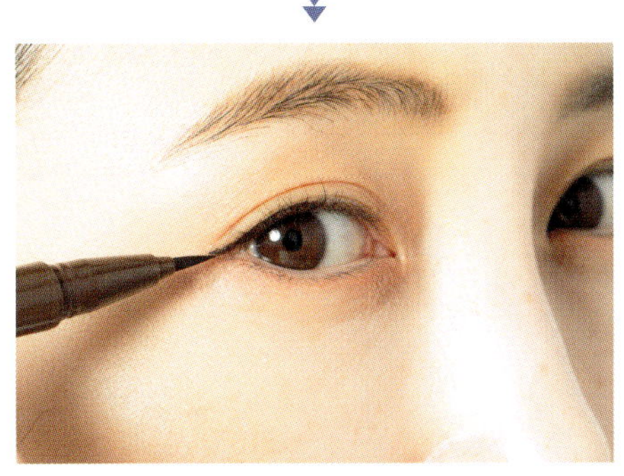

目を閉じても自然なラインに！

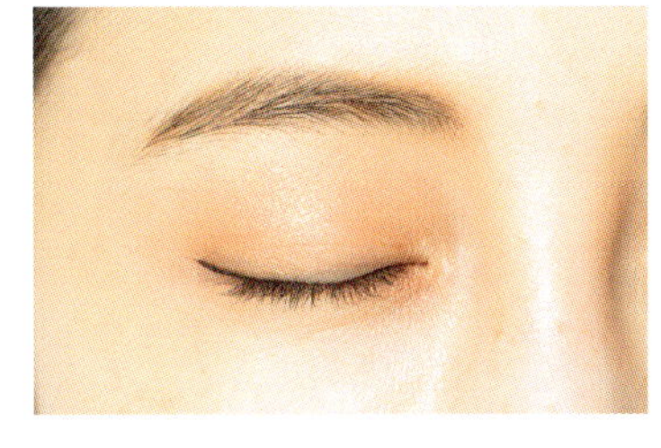

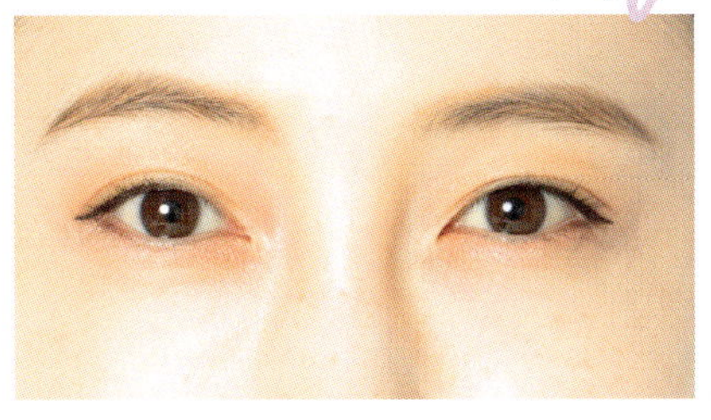

Before

Rule 41

# チークは濃淡2色を使えば立体感が出て華やぐ

くすみがちな大人の肌色を、たちまち明るく華やいだ印象に変えてしまうアイテムといえばチークです。疲れ顔を簡単に払拭できるし、リップで赤みを差すだけより、ずっとヘルシー。頬に色をのせるだけで上機嫌の表情になれるから、メイクのアクセントとして、ＯＮの日だけでなくＯＦＦにも取り入れたいですね。

私がおすすめするチークテクは、1色ではなく2色使い。ピンクの濃淡を組み合わせると失敗することなく、内側から自然に発光するような奥行き感のある血色がつくれるんです。

ただし、40代からは頬の位置が下がってくるので、入れる場所を間違えると余計に老けて見えてしまいます。ですから、全体的なポイントを引き上げなくてはなりません。

まずは、軽くほほ笑んで、薄い色をブラシで塗り広げます。つぎは、ニッと笑って、こんもり盛り上がった頬の少し上に濃い色を塗り重ねます。ワイパーのようにブラシを動かすと、ベストな位置にチークを置くことができます。

ときどき横顔を鏡で見ながら、左右対称に塗れているか確認を。全方位から見られてもすてきなチークは、好感度も抜群ですよ。

# 濃淡チークをほほ笑み塗りで、華やかな表情に

## Step 1

### 軽くほほ笑み
### 薄い色を広げる

落ちてくる頬の位置を上げるため、軽くほほ笑み、ブラシをワイパーのように左右に動かし、薄いピンクのチークを塗り広げます。

## Step 2

### 盛り上がった
### 部分に濃い色を

さらに「ニッ」と笑って盛り上がった頬の少し上に、濃いピンクをのせます。ブラシを左右に動かし、楕円形にすると、顔やせ効果も期待できます。

Recommend Item

**濃い色**

04のレッドは、肌に鮮やかな血色を与える効果が。くすみがちな肌色をパッと華やいだ印象に。ペタル チーク 04 ¥3200（トーン）

**薄い色**

発色が豊かで、華やいだ表情を演出してくれる。PK800はライトピンク。パウダー ブラッシュ PK800 ¥5000（コスメデコルテ）

**薄い色**

肌に溶け込むようになじむピーチで血色のいい肌を演出。プレスト チークカラー N 10 ¥5300（レ・メルヴェイユーズ ラデュレ）

Rule 42

# ピンポイントハイライトで老け印象を消し去る

部分的にやせこけてくる40代にとって「ふっくら」は若々しさのキーワード。それを光の力でいとも簡単に叶えてしまうのが、ピンスポットのように入れるハイライトです。入れたい部分は４つ。

１つ目は上唇の山の部分。口角が下がって薄く寂しい印象になる口元が、ぷっくりして、ツヤ感がアップします。

２つ目はあごの先。年齢とともに先が丸く四角くなってくるあご先にハイライトをたすだけで、シャープな印象に。

３つ目は整った顔立ちを演出する鼻筋。ここはさりげなく入れるのがポイントです。

そして４つ目は、目線のポイントを上げることで、リフトアップ効果が狙える頬高の部分です。

ハイライトを、鼻筋や目の周りにしっかり入れてしまうと古くさい印象になるので、私は部分的に光を差すハイライトを推奨しています。また、ピカピカ光ってしまうようなパールが強いものや青白いものは、90年代風になるので避けましょう。パールが控えめなピンクベージュ系のハイライトだと血色よく上品に仕上がります。光のまやかし効果を味方につけるピンポイントハイライト。メイクの仕上げの習慣に、ぜひ。

# ふっくらツヤ肌を演出するハイライト

## あご先

### 先をツヤめかせれば小顔の印象に

中指にハイライトをのせ、あご先にちょん。加齢で丸くなったり、四角くなってくるあご先が引き締まって見えます。

## 上唇

### 山を強調して、ぷっくり唇に

リップブラシにパールの入ったピンク系のカラーを取り、上唇の山の部分にちょこんとのせると、唇がふっくらして見えます。

## 頬高

### 高い部分はツヤと光をたす

ハイライトを指先で軽くのせるか、美容オイルを手のひらになじませ、頬高の部分にスタンプ押しを。顔全体に立体感が生まれます。

## 鼻筋

### 繊細なパールで鼻筋を強調

ピンクベージュ系のハイライトを人さし指、中指、薬指に取り、鼻筋の根元にトントンとのせると、顔全体にメリハリが。

Rule
# 43

# ノーメイクの日は ブラウン系リップで品よく見せる

メイクをお休みしたい日も、忘れずに彩りたいのがリップです。上品な口元を演出したい40代は、ごく素肌に近い色を選んでいただきたいのですが、かといってヌードベージュのようなナチュラルな色だと不健康な印象に。40代から目立ってくる肌の黄ぐすみを明るいイメージにシフトするには、どうしても「赤」の力が必要です。でも、プレーンな赤や鮮やかなピンクやオレンジは、唇だけ浮いて不自然になることも…。

選ぶべきは、存在感はあるけれど主張しすぎず、落ち着きや品を兼ね備えた色。具体的には、肌色からにごりを取り、少しだけ血色をたした色、つまり赤みのあるブラウンのような色です。肌から浮くことなく、さりげない血色が加わります。質感は透け感のあるツヤっぽいものを選んでください。

Recommend Item

チークやアイカラーにも使えるマルチアイテム。自然な血色を与えてくる。24ミネラルスティックカラー04 ¥1800（24h cosme）

肌なじみがよい色。プチプラでありながら、質感、発色ともに優秀。エッセンスルージュN PK01 ¥900（パラドゥ）

Rule

# 44

## 美容液級の効果が!?　ツールを替えるだけでプロ並みの仕上がりが叶う

メイクが上達しないとしたら、ツールが落とし穴になっているかもしれません。

例えば、チークはコンパクト付属の簡易的なブラシでは毛量がたりず、粉含みも十分ではありません。ところがプロユースのブラシを使うと、ふわっと色づいて驚くほど品よく仕上がります。付属品を否定するわけではありませんが、上質な仕上がりを求めるのなら多少お金をかけてもツールはいいものを購入してみませんか。美容液に匹敵するほどの美肌効果が期待できますよ。

また、汚れたパフだとファンデーションをきれいに塗り広げることができません。それればかりか、雑菌の温床になり肌トラブルの原因に。専用クリーナーで定期的に洗いましょう。安価なものなら、こまめに買い替えることをおすすめします。

Recommend Item

粉含みもよく、なめらかな肌触り。プロ並みの美しい仕上がりに。MiMCリンパドレナージュパウダーブラシ ¥8800（MIMC）

余分な油を吸い取り、ファンデーションを密着。エバーソフト キャノン スポンジパフ（アイエヌ装粧／本人私物）

Rule 45

# 目指すべき「まつ毛」は太さではなくツヤと繊細さ

アイメイクの仕上げはまつ毛メイクです。まつ毛は瞳を美しく見せる額縁のようなもの。まつ毛をピンと美しく仕上げることで、これまでのアイメイクが生きてきます。

ビューラーでまつ毛を根元からグイッと上げたら、マスカラを塗りましょう。ただし、まつ毛が短く、まばらになったとはいえ、90年代に流行ったようなボリューム重視のマスカラを使うのは厳禁。まつ毛だけが悪目立ちし、小さくなってきた瞳の存在感がますます薄くなってしまいます。目指すは瞳を引き立てる、繊細さとツヤのあるまつ毛。細く長く仕上がるタイプのマスカラを選んでくださいね。まつ毛美容液を併用すると、まつ毛のハリとツヤが増して、瞳が輝いて見えますよ。

ちなみに、私は長年まつ毛エクステを愛用しています。これはまつ毛が乏しくなってくる40代の方こそ目を向けてほしい美容法。まつ毛はマスカラでも長く見せられますが、エクステならマスカラをオフする必要がないので、結果的にデリケートな目元の負担を減らすことに。カーブや長さを選べば自まつ毛と区別がつかないほど自然で、派手になりすぎることもありません。ハードルが高いと思わず、美容院に行くように気軽にサロンに足を運んでほしいですね。

Before

After

Recommend Item

たっぷり含まれた美容液で、ツヤやかな弾力のあるまつ毛に。40代にはマストな軽く繊細な仕上がりを実現するマスカラ。ラッシュCC ¥4500（ヘレナ ルビンスタイン）

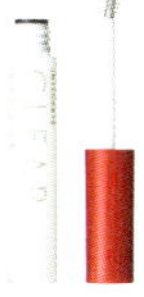

塗るだけでツヤとハリが出る、マスカラ兼まつ毛美容液。エクステの上からでもOK。インテグレート マツイクガールズラッシュ（ピュアキープ）¥1200※価格は編集部調べ（資生堂）

Rule 46

# 見られているのは横顔。メイクの最後は、合わせ鏡で総点検を

鏡を正面から見て完璧に仕上げても、案外他人に見られているのは横顔。メイクを仕上げたら、合わせ鏡をして横顔をチェックしてください。眉尻がたりていないアイブロウ、跳ね上げすぎたアイラインなど、終点のラインが雑だと、メイクが台無しになります。顔の骨格に合わないチークやハイライトはないですか。生え際までファンデーションが塗れていないと粗雑な印象を与えてしまいますし、正面からは見えなかったシミやくすみなどの欠点が、横顔であらわになっていることもあります。40代は「すみずみまで丁寧に」が、美しさに差をつけるカギです。

鏡を正面から見ただけではわからない奥行きも、横顔を見ることで確認できます。マナーの観点から考えても、他人に正面からまじまじ顔を見られることって、じつはそんなにないですから、横顔が重要なのです。

よく、下を向いて手鏡に映した顔を「10年後の顔」といいますが、それを見て落ち込む必要はありません。なぜなら普段、その視点から顔を見ている人はいないから。拡大鏡も同様で、それほどまでに近距離で顔を見られることはほとんどありません。それよりも油断しがちな横顔が「今、きれいである」ことが重要なのです。

COLUMN

## ほうれい線ケアだけじゃない！<br>頭皮ケアで地肌も髪も健やかに

頭皮ケアは健やかな髪と地肌を育むために欠かせないものです。怠ってしまうと、頭皮の血行が滞って頭皮環境が悪化します。以前の私もそうなのですが、忙しさのあまり髪をワーッと洗うようなことをしていたら、頭皮が悲鳴を上げてしまったんですね。その結果、髪が細く弱くなり、ダメージが進行してしまいました。当時の反省をふまえ、今は丁寧に頭皮ケアをすることを心がけています。

頭皮の血行を促進する意味からも、シャンプーの前はブラッシングを。そしてシャンプーの際、頭皮がむくんでいたり、こり固まっていたりしたら、その部分を重点的にヘッドマッサージ。顔と頭皮は、1枚の皮でつながっているため、ほうれい線ケアには頭皮マッサージが有効であることをP48でお伝えしました。頭皮が健康的になると、驚くほど肌も髪もツヤツヤ輝いてくるから、やらない手はありませんよね。

毎日、頭皮ケアを。サイドから押し上げるようにしてマッサージ。シリコンブラシを使っても。

### 地肌の巡りをアップ

頭皮にマッサージするようになじませることで、頭皮環境が健やかに。ウカリセラムフォースカルプ 50㎖ ¥5000（uka）

### 地肌汚れをしっかり落とす

地肌にしっかり届くシリコン製のブラシでシャンプー時に頭皮マッサージを。ウカ スカルプブラシ ケンザンソフト ¥1800（uka）

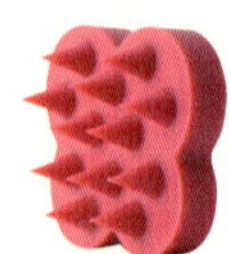

# LESSON

# 3

*Inner & Details care*

## 内側から細部から
## 磨き上げる

# 40代こそ、ライフスタイルを見直し、未来のための内側磨きを始めるとき

美しく健やかな肌を保つには、スキンケアだけでは明らかにたりない。そう実感するのが40代からです。私は、肌と内側は相関関係になっていて、どちらかを磨くことを怠れば、本質的な美に近づけないと思っています。

だから、毎日口にするものが添加物まみれだったり、生活習慣が乱れたりすれば、どんなに高機能なコスメを使っても無駄になるもの。とくに40代以降は、加齢による変化がすすむとき。なにも策を講じずにいれば、年齢に伴う悩みが目立ち始めます。

「今さらがんばっても仕方がない」とあきらめてしまうのは簡単です。しかし、40代は人生のターニングポイント。「年齢」という変化を感じる今こそが、習慣を見直す絶好のタイミングです。今、見直さなければ、この先、肌年齢に差が出るのはいうまでもありませんし、健康面でも心配なことが増えることでしょう。

内側磨きはスキンケアやメイクと違い、目にわかるような変化を実感するまで時間がかかるため、多くの方は習慣として身につく前にやめてしまいがちです。それだけ内側磨きは、気が遠くなるほど道のりが長い「投資」のようなもの。でも、あきらめずに続ければ、ゆるぎない美しさが手に入るのです。

「始めるなら、今」の気持ちで、私も取り組んでいます。一緒に一歩ずつ積み重ねていきましょう。

Rule

47

# 肌が鈍感になったときは「肌断食」で甘やかさない

寒い冬、暖房の効いた部屋でぬくぬく過ごしていると、寒さに弱くなるように、肌も化粧品に頼ってばかりいると反応が鈍くなります。肌には本来「自己回復力」という頼もしい力が備わっていて、健康な肌であれば、特別なケアをしなくても美肌でいられ、少しくらいのトラブルはものともしません。本来なら、そのような力が働きますが、あれこれ与えすぎると肌は鈍感になるばかり（だから私は、自己回復の時間である就寝前に行うケアはシンプルをモットーにしているのです）。そんな本来の回復力を忘れてしまった肌を目覚めさせる方法が、スキンケアをあえて断つ「肌断食」なのです。

これは私の例なのですが、メイクの必要がなかった年末年始、思いきって肌断食をしました。５日間なにもつけないで過ごしたところ、肌が自らうるおうように、しっとりとした手触りに。甘やかさない荒療治が功を奏しました。あれこれ、補っているのに肌がよくならないと感じたら、ひとつの選択として、週末だけ肌断食を取り入れてみる荒療治も、年齢的には効果があると思うのです。もちろん、メイクや外出をしたならクレンジングやスキンケアは必須ですし、すでに肌トラブルを起こしているのであれば肌断食よりも早めのケアを心がけてくださいね。

Rule 48

# メイクの色がくすむのは冷えが原因。チークを重ねる前に、まず温めて

冷えによる肌のくすみは、ほんの少しの手間で解決します。沈んだ肌にピンクの下地やチークで色を重ねる前に、まず首を温めてみてください。冬なら使い捨てのカイロでもいいし、蒸気のカイロ、チンして使う小豆カイロでもかまいません。手っ取り早く温めるならドライヤーも便利です。私は、髪の毛を乾かすついでに首筋やうなじにドライヤーの熱風を数秒当てています。朝、シャワーを浴びる方なら、首筋に温かいお湯を軽く当てるのもいいですね。ただし、くれぐれもやけどやのぼせには注意してください。ほんのりとした温かさを数秒与えるだけで十分です。**内側からふわっとわき上がるような血色が生まれますよ。**

冷えが原因の肌のくすみは、冬に起こると思われがちですが、注意したいのは夏。エアコンでキンキンに冷えた室内で長時間過ごしたり、冷たい飲み物や食べ物ばかり摂ったり。また寒暖差の激しい環境におかれることも多いため、自律神経のバランスの乱れから冷えを招くことも少なくありません。寒い冬は冷え対策の意識が高まりますが、夏は無防備ですよね。アツアツのものを食べることが難しいからこそ、意識して温めて。せめて一日の終わりは、肌と健康のことを考えて、湯船に浸かることを日課にしましょう。

Rule 49

# 指先は、黒糖のスクラブでなめらかさを取り戻す

隠しても隠しきれずに年齢が出てしまうのが指先です。どんなにスキンケアやメイクが完璧であっても、指先のお手入れが行き届いていないとくたびれているように見えます。逆に指先まできちんと整えていると、背すじまでしゃんと伸びる気がしませんか。それは、ネイルを施した日は、指先までピンと力が入り、所作が美しくなるのと似ていますよね。だから私は、顔のお手入れと同じくらいハンドケアを大切にしています。

手肌がくすんだり、ザラついたりするおもな原因は、古い角質の蓄積です。指先に余分な角質がたまっていると、ハンドクリームを塗っただけでは、しなやかにならないから、私は定期的にスクラブをしています。

手肌用のスクラブはネイルサロンの専門店で購入できますが、一般のお店ではなかなか手に入らないので、私はシアバターに黒糖を混ぜるだけの、オリジナルスクラブを活用しています。スクラブというと塩を思い浮かべますが、黒糖は塩よりも粒子がなめらかで肌当たりが優しいから、手肌に負担がかからず、しっとりとした仕上がりになります。角質がたまりやすい節や甲の部分に丁寧になじませたらぬるま湯で流して、そのあと再びハンドクリームを。これですべすべ手肌の完成です。

# お手軽スクラブでザラつきを優しくオフ

Step 1

### ハンドクリームに黒糖を混ぜる

ハンドクリーム（あるいはシアバター）3に対し1の黒糖を混ぜ、スクラブをつくります。塩より肌当たりがなめらか。

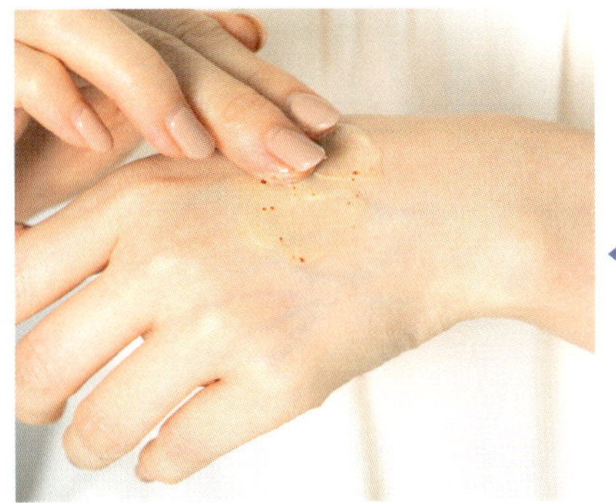

Step 2

### 角質がたまっている甲をマッサージ

①のハンドククリームを角質がたまりやすい手の甲になじませます。指のはらを使ってくるくるとなじませて。

Step 3

### ゴワつきがちな節は念入りに

かたくなりやすい節の部分はスクラブで念入りに。指を少し曲げて、溝の部分を開いてなじませましょう。

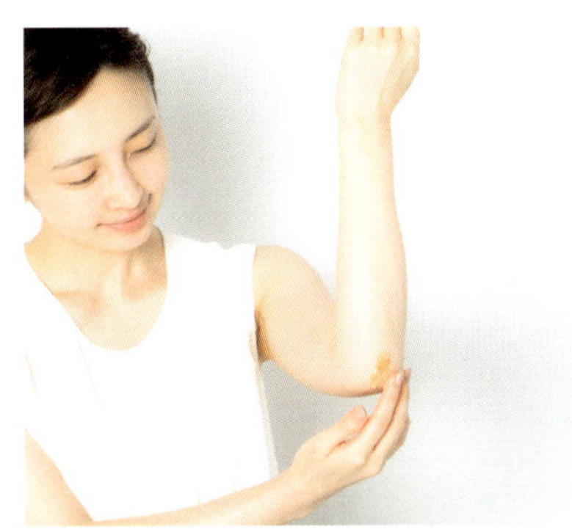

Step 4

### カチカチなひじも忘れずに

角層ケアを怠りがちだけど、意外に見られているひじにも。くるくると円を描くようになじませます。

Rule 50

# 良質の油が内側から乾燥を支える

「クリームをしっかり塗っているけど、なかなか乾燥肌がよくならない」と話す方に食事の内容を聞くと、ほとんどの方が、あっさりしたものを好まれているんですね。逆に年齢を重ねていても、肌がツヤッとしている方は、油ものをしっかり召し上がっています。**乾きやすい40代の肌には「油」が重要！** それに気がついてからは、私もせっせと油を摂るようになりました。意識して摂ると、肌が乾きにくくなり、ツヤも違います。口にしたものがダイレクトに肌に表れる好例です。油といえばカロリーもそれなりにありますし、体形が変わってくる40代は敬遠したくなる気持ちもわかりますが、年齢とともに減ってくる油を外から補ってもたりなければ、内側から補うしかありません。

でも、その油が酸化していたり、合成されていたりしたら意味がないですよね。アボカドオイル、亜麻仁油などの良質の油は、肌につけてもいい「食べるコスメオイル」としても有名です。私が好んで選ぶのが、手搾りのナッツオイル。火にかけるのがもったいないほどフレッシュで油臭くないから、飲んだり、サラダにかけたりしていただいています。

Rule 51

# 肌をくすませる糖化対策のために 適度な糖質制限を

ダイエットのために、多くの方が注目している「糖質制限」。これ、お肌の健康にも有効なんです。糖質を摂りすぎると、体内で使われなかった糖質はタンパク質と結びつき、やがてAGEs（エイジス）という物質に変わってしまいます。これが糖化と呼ばれる現象です。酸化が「肌のサビ」だとしたら、糖化は「肌のコゲ」のようなもの。肌が黄色くくすむ原因も、シワが増えてしまうのも糖化が原因とされています。

一度体内でつくられたAGEsは、残念ながら蓄積される一方。だから40代は、食事や生活習慣を見直し、糖化を進ませないことが大切です。血糖値の急上昇を招く食事は、AGEsを増やす起因となるので、なるべく避けて。一見ヘルシーな、コンビニのおにぎりと野菜ジュースの組み合わせも血糖値が上がりやすいそうですよ。

もちろん、極端な糖質制限は健康を害しますし、食事の楽しみも減ってしまうから、糖質制限は「ほどほどに」が原則。おやつやフルーツを食べすぎない、いきなり血糖値を上げる食事をしないなど、できることから始めましょう。私も、大好きなチョコレートをカカオ85％以上の上質なものに切り替え、夜だけ炭水化物を抜くなどし、ゆるめの糖質制限を実践しています。

Rule 52

# 野菜だけではダメ。40代が摂るべき栄養素はタンパク質

20代後半、アレルギー体質を改善するために、マクロビオティックの玄米菜食を心がけ、タンパク質も油も最低限しか口にしない生活を送りました。おかげで体調はよくなりましたが、私の場合、肌のことを考えると、少しストイックに取り組みすぎたかもしれません。頬がこけて、肌はパサパサに乾き、肌色もくすんでしまったのです。もう少しタンパク質や油を摂るべきでした。何事もバランスが大切だと痛感しています。

野菜だけではきれいになれないと気づいてからは、タンパク質を欠かしません。ただ、バランスよく摂らないとタンパク質の吸収力が落ちるので、肉は鶏肉、牛肉、豚肉と種類を替え、魚や乳製品などの動物性から大豆製品などの植物性までまんべんなく食べています。タンパク質を肌の材料に変換するにはビタミンやミネラルが必須なので、同時に野菜もしっかりと、です。

先ほどの「糖質制限」の話と連動しますが、せっかく摂ったタンパク質を台無しにするのが糖質。サロンのお客さまでも肌に弾力がない方は、甘いものがやめられない、とおっしゃいます。逆に引き締まってハリがある方は、タンパク質を摂る一方で、甘いものをほとんど食べません。肌のことを考えれば、糖質との付き合い方も見直したいものですね。

Rule 53

# 内側から熱をつくれば冷えにくい体に

「冷えは万病のもと」といわれているので、体は極力冷やしません。これはツヤのある血色のいい美肌を目指す方なら、すでに心がけている習慣だと思います。私は、20代の頃にマクロビオティックのメソッドを学んだこともあり、冬はトマトなどの生野菜を極力避け、根菜類や色の濃い野菜など、体を冷やさない食べ物を摂るように心がけています。そのほか、**手っ取り早く熱を生み出す方法といえば運動**です。そんなわけで、最近ウォーキングやストレッチを始めました。

私は、今までダイエットに必死にならずともボディーラインを維持できていたため、この先も運動をしないですむと思っていましたが、それではダメなんだなと気づき始めたのが40代になってからです。今後はますます筋力が落ちて体力もグンと低下するので、筋力強化が重要ということを、今さらのように実感しています。

私が取り組んでいるストレッチは、学生時代にだれもが学んだ開脚などのシンプルなもの。運動強度は決して高くないですが、関節の可動域を広げて筋肉を効率的に使える体に導く効果が。無理なく続けられるため、手始めにやるにはもってこいです。できることから少しずつコツコツと続けることに意味があると思っています。

Rule 54

# 湯船に浸かってデトックス。翌日にむくみをもち越さない

夕方になると脚がむくむ、肌色がさえない…そんな方こそ、きちんと湯船に浸かりましょう。入浴の効用はいうまでもありませんが、巡りが悪くなってくる40代こそ、大切にしたい習慣です。

とはいえ、じっくり半身浴をする時間なんて、あわただしい毎日の中で捻出するのは無理。私も5～10分ほどしか湯船に浸かれない日がほとんどです。

そこで、短時間で発汗できる裏ワザをひとつご紹介。発汗作用のあるショウガ入りのドリンクを飲み、体が芯からポカポカしてきたら、入浴剤を入れた湯船に浸かります。たった5分で滝のように汗が流れて、それはもうおもしろいくらい。ため込んでいたむくみもすっきりし、肌色もワントーン明るくなりますよ。

Recommend Item

リラックスできる優雅な香り。バブ エピュール バスエッセンス（右からラベンダー＆マージョラムの香り、イランイラン＆サンダルウッドの香り）各¥1200※価格は編集部調べ（花王）

2億5000万年前の古代海水を精製した岩塩とハーブで芯からポカポカに。クナイプ バスソルト オレンジ・リンデンバウム（菩提樹）の香り 850g ￥2400（クナイプ）

Rule
55

# 肌が疲れているときは
# インナーケアの力を借りる

「肌が疲れたように見える」と感じたとき、味方にしたいのが手軽に摂取できる、美容ドリンクやサプリメントなどのインナーケアです。内側から働きかけることで、スキンケアだけではたりない美肌効果を期待できます。

サプリメントのなかには、ある程度摂り続けないと実感が得られないものもあるので、1~2回飲んだだけでは、自分に合うのか判断が難しいですが、「少しでも肌にいいものを取り入れたい」「食事だけでは不足しがちな栄養素を摂取したい」、そんなときのカンフル剤的なものとして、お気に入りをいくつか用意しておくといいかもしれません。

私は、玄米黒酢を水や炭酸水で希釈して飲んでいます。すると、いつもとは違うハリ感が！ 劇的な変化ではありませんが、酢は体にいいものだし、心なしか疲れにくくなったので続けています。

内側からのアプローチは、スキンケアだけではたりないハリ、ツヤを補える——。そんな期待感をもって飲むから、続けるほどにきれいになっていく気分が高まるのも、美容ドリンクやサプリメントの効用。私も未来の投資に向けて、少しずつですが取り入れるようにしています。

Recommend Item

# Drink & Supplement

## 飲んで内側からきれいを磨く

「肌」「腸」「毛細血管」の三位一体ケアで、内側から輝く透明美肌を目指すサプリメント。毎日の美磨きに。ホワイトチャージ 90粒 ¥5400（FTC）

腸内環境向上に。ヨーグルト風味で続けやすい。N.O.U　サプリフローライザー〈機能性表示食品〉1.5g×30包 ¥4000※価格は編集部調べ（資生堂）

有機栽培の玄米と大豆を原料に特許技術で製造。まろやかなコクが自慢の黒酢。3年熟成桷志田（かくいだ） 有機 泉 720㎖ ¥4283（福山黒酢）

体を温めるショウガ発酵エキスなど巡りアップの素材を凝縮。飲んですぐ発汗！BE-MAX MEGLY 30㎖×10本 ¥4200（BE-MAX）

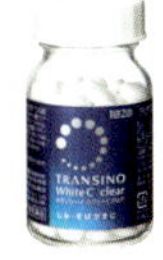


メラニンの生成を抑制するL-システインを配合。トランシーノ ホワイトCクリア〈第3類医薬品〉120錠 ¥2600（第一三共ヘルスケア）

# Epilogue

今まで美容に興味がなくて、ほとんどなにもしてこなかったという方が、『Riche』のサロンを訪れ、施術後の自分の肌を見て、目を輝かせている——。私はその瞬間をお手伝いするのが、なによりの幸せで、今でもサロンに立っています。

「これから先、もっと美しくなれる！」。女性が、そんなポテンシャルに目覚めると、こちらまでパワーを分けてもらえるぐらい、とびきりのエネルギーを放ちます。そのパワーを秘めたらしめたもの。

まだまだキレイになれる前向きな気持ちは肌に伝わり、さらに、放つオーラや表情まで美しくなる…。それこそ口から発する言葉まで変わります。

ほんの少し手をかけただけで輝きを増した女性を、私は今まで何人も見てきました。40代の方も、50代の方も。そこに年齢は関係ありません。そして、そういう方たちは、高いコスメを片っ端から買い漁るとか、最先端の美容医療の力を借りるとか、無理した背伸びをしているわけでは決してないのです。自分に向き合って、自分の肌を大事にしてあげる気持ちさえあれば、いつでも、だれでも、もっときれいになれるのです。

子育てや仕事に必死だった20代、30代。自分を大事にすることを忘れるほどに駆け抜けてきたあなたにこそ、きれいになってほしい。「なにもしてこなかったんだし、歳だから仕方がない」とあきらめずに。

平均寿命から見れば、女性の人生は40代までより40代以降の時間の方が長いもの。

これからもずっとずっと女性として生きていくのだとするならば、「自分が好き」と思いながら、時間を重ねることこそが、幸せなのではないでしょうか。
この本がそうしたモチベーションのきっかけになれば本当にうれしいです。
今日からできることを少しずつ、始めてみてください。ページをめくりながら。

石井美保

お気に入りビューティースポット

# GINZA SIX

ギンザシックス

東京・銀座の商業複合施設「GINZA SIX」は、私がビューティーパワーをチャージする大切な場所。とっておきのお店を紹介します。

ネオクラッシックな内装が落ち着ける空間。デイリーにも活躍するラインBlugirl（ブルーガール）のアイテムも並びます。「甘さとエレガンスの絶妙なバランスが好き」。

大人の「かわいい」を叶える

## Blumarine

デザイナーのアンナ・モリナーリ氏が手がける、ミラノコレクション常連のファッションブランド「ブルマリン」。イタリアのブティックがコンセプトの店内には、ロマンティックでフェミニンなアイテムが勢ぞろい。洗練されたエッセンスが随所に光ります。

Tel. 03-3573-7606

銀座のおしゃれなフードコート

## 銀座大食堂

和洋中、さまざまなジャンルの味の銘店が330坪の大ホールに集結。クラシカルな雰囲気のソファ席と銀座の大通りを臨むテラス席でおいしい味に舌鼓。「ひとりでも入りやすく、毎回立ち寄るのが楽しみ」

Tel. 0570-001-432（ナビダイヤル）

ギャラリーのような店で審美眼を養う

## 銀座 蔦屋書店

櫓（やぐら）をモチーフにした本棚が並ぶ店内には、世界中から集めたアートブックが約6万冊も並び、空間そのものがまるでギャラリー。「宝探しのようなレイアウト。イメージを膨らませたいときに立ち寄ります」

Tel. 03-3575-7755

美意識を刺激するジュエリー

## Bijou de M

「ビジュードエム」は、植物や動物をモチーフにした遊び心のあるデザインが人気のジュエリーブランド。心ときめくアイテムが、唯一無二の輝きを放ちます。「何年ものファン。少しずつ集めています」

Tel. 03-6264-5436

美が開花する優雅な空間

## Maison DECORTÉ

「使えば使うほど好きになるコスメデコルテ」。ブランド初の旗艦店となるのが「メゾンデコルテ」です。プロダクト＆インテリアデザイナーのマルセル・ワンダース氏が手がけた優美な店内には、異なるコンセプトの３つのトリートメントルームが。お買い物のほか、フェイシャルやボディケアなど、五感のさらに先を刺激する、極上の「六感美容」を体験できます。

Tel. 03-6264-6706

強く咲き誇る花をデザインしたカーペットから、肌をイメージした壁のパターンも含めて内装は「重力に逆らう」「再生」がテーマ。

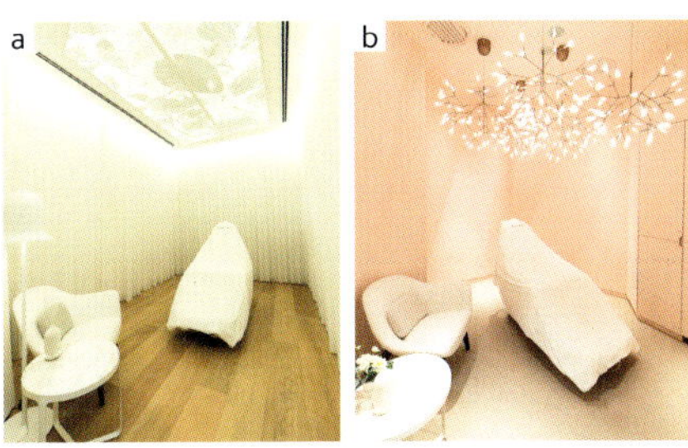


### トリートメントコーナーも充実

トリートメントルームは3室。a. 木漏れ日のような光が降り注ぐ「シールド」、b. クリスタルを感じさせる「フローズン」、c. 水面のゆらめきを表現した照明が安らぎを与える「カーム」。香りやBGMにも違いが。フェイシャルのコースは60分20000円〜（要予約）。

最高峰ライン・AQ ミリオティのインテンシブ クリーム（12万円・写真中央）で全身トリートメントする「Personal Order of RHT」（180分10万円）は、憧れの至極コース。すべての商品のほか、グローバル展開中のアイテムを購入できるのも、ここならでは。

# Shop list

[ あ ]

RMK Division　0120-988-271
アヴェダ お客様相談室　03 -5251-3541
アクセーヌ カスタマーセンター　0120-120783
アルビオン　0120-114-225
イプサ お客様窓口　0120-523543
uka Tokyo head office　03-5778-9074
MIMC　03-6421-4211
ヴェレダ・ジャパン　0120-070601
FTC　0120-35-1085

[ か ]

花王（ソフィーナ・エスト化粧品）　0120-165-691
花王（バブ）　0120-165-696
カネボウインターナショナルDiv.　0120-518-520
カネボウ化粧品　0120-518-520
カバーマーク カスタマーセンター　0120-117133
カラーズ　050-3786-2333
KISSME（伊勢半）　03-3262-3123
クナイプ お客様相談室　0120-428-030
グライド・エンタープライズ　0120-200-390
クラランス お客様窓口　03-3470-8545
クリニーク お客様相談室　03-5251-3541
ケサランパサラン　0120-187178
コーセー　0120-526-311
コーセー（プレディア）　0120-763-327
コーセープロビジョン　0120-018-755
コスメデコルテ　0120-763-325

[ さ ]

資生堂　0120-81-4710
資生堂インターナショナル　0120-81-4710
シュウウエムラ　03-6911-8560
セザンヌ化粧品　0120-55-8515
セルヴォーク　03-3261-2892

[ た ]

第一三共ヘルスケア お客様相談室　0120-337-336
第一三共ヘルスケア（トランシーノ相談室）　0120-013-416
ディセンシア お客様センター　0120-714-115
テラクオーレ（イデアインターナショナル）　03-5446-9530
トーン　03-5774-5565
常盤薬品工業 サナお客さま相談室　0120-081-937
ドクターシーラボ　0120-371-217

[ な ]

NARS JAPAN　0120-356-686
24h cosme（ナチュラピュリファイ研究所）　0120-24-5524
ネイチャーズウェイ（ナチュラグラッセ）　0120-060802

[ は ]

ハーバー研究所　0120-16-8080
パラドゥ カスタマーセンター　0120-335413
BE-MAX カスタマーセンター　0120-688-369
ピエールファーブルジャポン お客さま窓口　0120-171760
ファンケル 美容相談室　0120-35-2222
福山黒酢　0120-028-962
富士フイルム　0120-596-221
ベアミネラル　0120-24-2273
ヘレナ ルビンスタイン　03-6911-8287
ポーラお客さま相談室　0120-117111

[ ま ]

メルヴィータジャポン カスタマーサービス　03-5210-5723
ミシャジャパン　0120-348-154

[ ら ]

ロート製薬 オバジコール　06-6753-2422
ロート製薬 エピステームコール　03-5442-6008
ローラ メルシエ ジャパン　0120-343-432
ラ ロッシュ ポゼ　03-6911-8572
ランコム　03-6911-8151
レブロン　0120-803-117
レ・メルヴェイユーズ ラデュレ　0120-818-727

【衣装協力】
BORDERS at BALCONY　03-5428-5500（P72 ドレス￥62000）

## 石井美保　Miho Ishii

美容家。トータルビューティーサロンRiche（リッシュ）代表。
麻布十番でまつげサロンを経営し、アイリストの育成の傍ら、経験に裏打ちされた独自の美容法で、メイクレッスンや美容カウンセリングなどを行う。エイジレスな美しさと、豊富な美容知識が人気を集め、幅広く活躍中。プライベートでは高校生の娘をもつ母親でもある。

**Blog**　http://ameblo.jp/riche-miho
**Instagram**　@miho_ishii
**Riche**　http://www.riche.tokyo



デザイン　眞柄花穂（Yoshi-des.）
撮影　天日恵美子、山川修一（P.140〜141）、林 紘輝（一部キリヌキ写真）
モデル　沢田ゆう
ヘア　大野朋香（air）
構成・文　平川 恵
編集　合川翔子
マネージメント　納富 聡（エグゼクティブプロデューサー・アミューズ）
香田慎子（アミューズ）


# きれいな人には理由がある
# 石井美保の「オトナ美肌」のつくり方

---


発行日　2018年10月17日　初版第1刷発行

著　者　石井美保
発行者　久保田榮一
発行所　株式会社 扶桑社
〒105-8070
東京都港区芝浦1-1-1　浜松町ビルディング
電話　03-6368-8885（編集）
03-6368-8891（郵便室）
www.fusosha.co.jp

DTP製作　平林弘子
印刷・製本　凸版印刷株式会社




ISBN 978-4-594-08088-4